公元787年，唐封疆大吏马总集诸子精华，编著成《意林》一书6卷，流传至今

意林：始于公元787年，距今1200余年

一则故事　改变一生

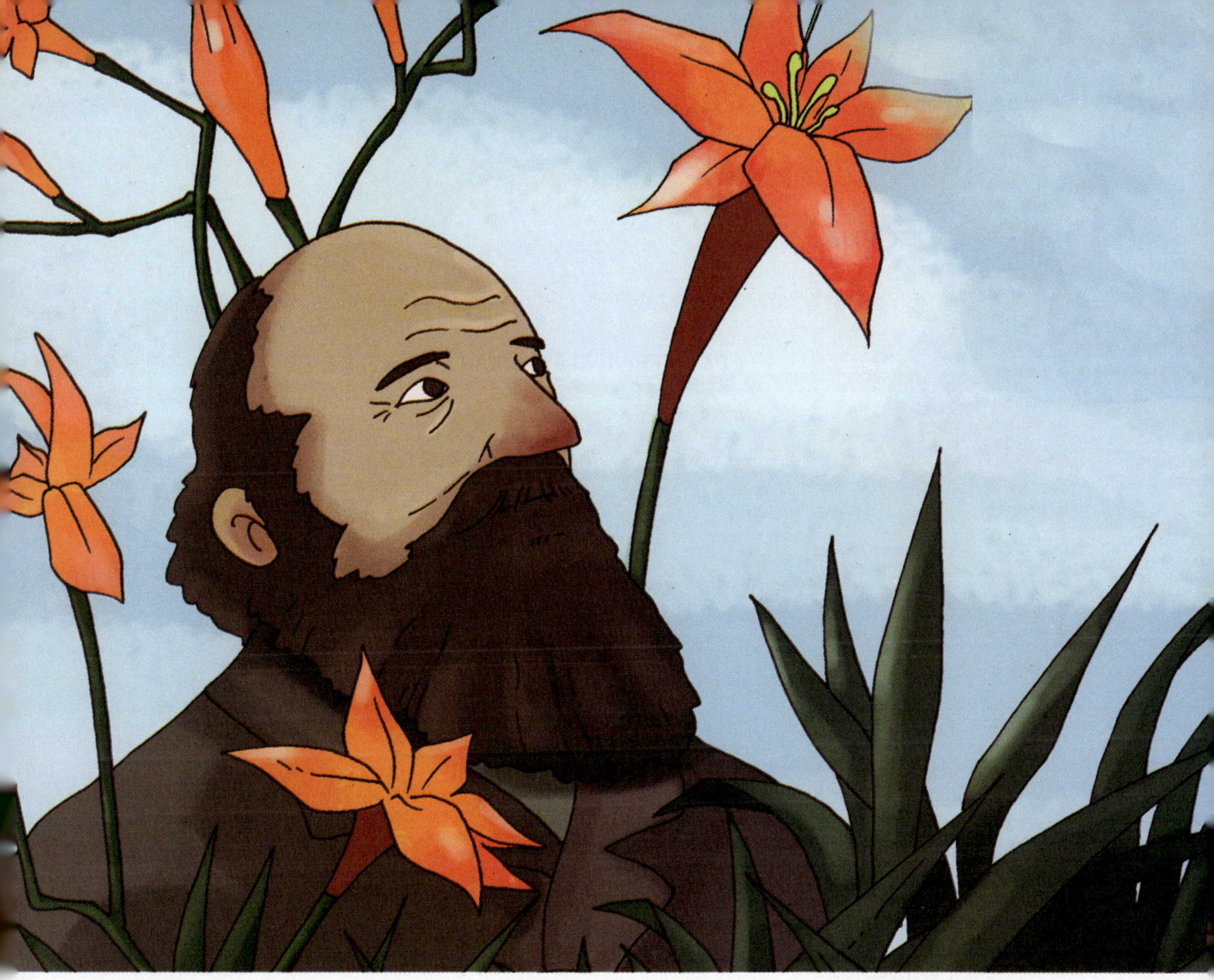

《意林》编辑部 编

达尔文
孜孜不倦自然之子

吉林出版集团 | 吉林摄影出版社
· 长春 ·

图书在版编目（CIP）数据

达尔文孜孜不倦自然之子 / 意林编辑部编. -- 长春: 吉林摄影出版社, 2012.7
（少年名人馆）
ISBN 978-7-5498-1230-1
Ⅰ. ①达… Ⅱ. ①意… Ⅲ. ①达尔文，C.（1809－1882）－生平事迹－少年读物 Ⅳ. ①K835.616.15-49
中国版本图书馆CIP数据核字(2012)第128174号

达尔文　孜孜不倦自然之子　**DA' ERWEN ZIZIBUJUAN ZIRAN ZHI ZI**

出 版 人　孙洪军
总 策 划　杜　务
主　　编　孙洪军　顾　平
责任编辑　张　弘　尹成佳　李双双
丛书统筹　徐　晶
执行编辑　马宏彬
封面设计　张　龙
美术编辑　周　希
封面绘制　杨济东
内文插图　北京星蔚时代
发行总监　李振红
开　　本　787mm×1092mm 1/16
字　　数　200千字
印　　张　9
印　　数　1～20000册
版　　次　2012年07月第1版
印　　次　2012年07月第1次印刷

出　　版　吉林出版集团
　　　　　吉林摄影出版社
发　　行　吉林摄影出版社
地　　址　长春市泰来街1825号
　　　　　邮编：130062
电　　话　总编办：0431-86012616
　　　　　发行科：0431-86012602
网　　址　www.jlsycbs.cn
经　　销　全国各地新华书店
印　　刷　北京联兴盛业印刷股份有限公司

书　　号　ISBN 978-7-5498-1230-1　　　定　　价：18.80元

启　事

本书编选时参阅了部分报刊和著作，我们未能与部分作品的文字作者、漫画作者以及插画作者取得联系，在此深表歉意。请各位作者见到本书后及时与我们联系，以便按国家相关规定支付稿酬及赠送样书。

地址：北京市朝阳区南磨房路37号华腾北搪商务大厦1501室《意林》编辑部（100022）

电话：010-51908602

目录

追问上帝的孩子

不务正业的少年

男儿志在四方

学习好伙伴

阅读能力决定学习能力

励志大本营

别人教你学习《意林》给你快乐

旷世巨著——物种起源

斗争与荣誉

附录

细胞学说、能量守恒和转化定律、达尔文进化论，并称19世纪自然科学的三大发现。

微笑着出生的孩子

文/佚　名

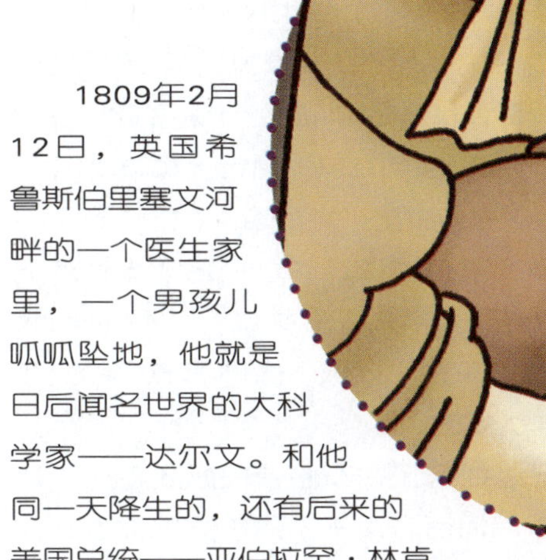
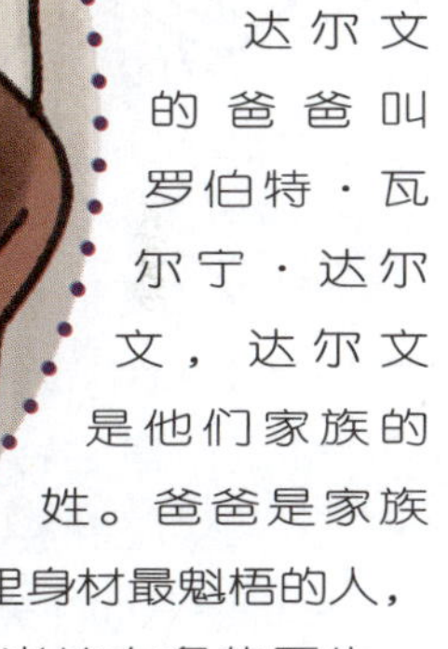

1809年2月12日，英国希鲁斯伯里塞文河畔的一个医生家里，一个男孩儿呱呱坠地，他就是日后闻名世界的大科学家——达尔文。和他同一天降生的，还有后来的美国总统——亚伯拉罕·林肯。

爷爷是达尔文家族里最有声望的人，也是对幼年达尔文影响最大的人。爷爷先后毕业于爱丁堡大学和剑桥大学，毕业后做了医生，他曾提出过一系列治疗精神病人的原理和方法，成为当时英国医学界的权威。

爷爷不仅医术高明，在机械设计和改进等方面也颇有建树，另外他还是当地著名的教育家、文学家和社会活动家。

对达尔文影响最深远的，是爷爷在动物学和植物学方面的成就，在爷爷编写的《生命学》《植物学》《植物的杂交》《植物的机体》《动物生理学——有机生命的规律》等著作中，详细阐述了对进化史中繁衍问题的见解。爷爷是当时欧洲具有进化论思想的代表人物之一，他的思想常常把达尔文带到一个神奇的世界里。

达尔文的爸爸叫罗伯特·瓦尔宁·达尔文，达尔文是他们家族的姓。爸爸是家族里身材最魁梧的人，也是当地有名的医生。他胸怀宽广、心地善良，对病人很负责任，因此有不错的收入。

达尔文的妈妈叫苏姗娜·韦奇伍德，她不仅长得漂亮，还很有学问。1808年，苏姗娜腹内又孕育了一个小生命。当时，英国和法国之间正进行着非常激烈的战争，粮食价格飞速上涨，食品供不应求，就是有钱的人家也很难买到一点儿营养品。

由于严重的营养不良，苏姗娜身体状况很不乐观。

生产那天，罗伯特看着奄奄一息的妻子，对接生的大夫说：“请尽量保住苏姗娜的命，可以不要这个孩子。”

“不，不可以……”苏姗娜有气无力地说。

五个多小时过去了，医生不但从死神手中救回了苏姗娜，还接生了一个新生命，他

就是小达尔文。

经过一个月的休养，苏姗娜的脸上终于有了红光，襁褓中的小男孩儿也分外活泼可爱。

灯下，罗伯特一边翻看着《对人的观察》，一边不时抬头看看妻子怀里的婴儿。

“你看，他在笑呢。”

罗伯特认真地看着孩子的笑容，突然说道：“这孩子的笑容让我恍惚间想起大哥来，我4岁时妈妈就病逝了，大我8岁的大哥成了我的保护神，他教我读书，关心我的生活，成了我生命中最亲、最近的人。遗憾的是，大哥只活了20岁就得病去世了，之前他刚刚获得医师协会颁发的第一枚金质奖章，成为英国的风云人物。”

罗伯特说着说着，眼睛渐渐湿润了。

苏姗娜安慰他说：“大学毕业以后，你只用20英镑的生活费，就开创了今天的事业，获得了医学博士学位，你也很不错了！”

罗伯特说：“不，论成就，我永远也比不上我大哥，我看给咱们的这个儿子就取名查尔斯·罗伯特·达尔文吧，希望他能像大哥一样，长大以后做个出类拔萃的人。”

苏姗娜高兴地说：“这个名字太有意义了。”她亲吻着小达尔文说：“快快长大吧，我的孩子，长大做个像你爷爷、伯父和爸爸一样优秀的人。”

夜已经很深了，罗伯特夫妇还在对小达尔文说着悄悄话。对于小达尔文的诞生，他们虽然没有了初次为人父母时的那份惊喜，可这个与众不同的孩子，给他们带来了新的希望和快乐。在他们美好的憧憬和期盼中，小达尔文一天天长大了。

谁也不曾想到，这与生俱来的“离奇”和“怪异”，将伴随达尔文的整个童年生活，最终使他成为达尔文家族里最与众不同和最有成就的人。

恭维话

文/李清照

达尔文被邀赴宴。宴会上，他恰好和一位年轻貌美的女士并排坐在一起。

“达尔文先生，”坐在旁边的这位美人带着戏谑的口吻向科学家提出疑问，“听说你断言，人类是由猴子变来的。我也是属于你的论断之列吗？”

“那当然喽！”达尔文看了她一眼，彬彬有礼地答道，“不过，您不是由普通猴子变来的，而是由长得非常迷人的猴子变来的。”

上帝从哪儿来

文/谢然　向东

小时候的达尔文非常喜欢大自然，他天天带着妹妹采野草、摘花朵、捉小虫。

一天，母亲正在花园里给花草松土施肥。达尔文领着妹妹走过来，问道："妈妈，为什么要给花培土呢？"

妈妈用花铲挖了一铲黑土，对达尔文说："孩子，你闻闻，有一种大自然的味道。"

大自然是怎样一种"味道"呢？达尔文低下头伸着鼻子使劲儿闻了闻。

"孩子，别看这土黑，它肥着呢，是万物生长的养料。"达尔文瞪着一双圆眼睛听着妈妈讲述，"它能让青草长得茁壮，青草养肥了牛羊，我们餐桌上就有了肉和奶，它还能让花朵开放，引来成群的蜜蜂，酿成蜜，它还能长出小麦、玉米，我们才有了面包。"

"妈妈，泥土里能生出小猫、小狗吗？"达尔文仰着小脸看着妈妈，天真地问。

妈妈听了，忍不住笑了："小猫是小猫的妈妈生的，小狗是小狗的妈妈生的，泥土生不出小猫、小狗。"

达尔文看了看身旁的妹妹又问道："妈妈，我和妹妹是你生的，你是姥姥生的，对吗？"

"对呀，所有的人都是他的妈妈生的。"

达尔文对这个答案还是不满意："那妈妈的妈妈，妈妈的妈妈的妈妈，最早的妈妈又是谁生的呢？"

"孩子，最早的妈妈是夏娃，是上帝造的。"

"那上帝又是谁生的呢？"达尔文继续追问。

"孩子，世界上有很多谜，你长大了就知道了。"妈妈回答不出达尔文的问题，小达尔文沉思着，这个问题在他心底压了好多年。

8岁那年，达尔文和妹妹进了牧师凯斯办的私立小学。这位牧师老师非常呆板，总要学生坐得端端正正。可孩子们都活泼好动，哪里坐得住？每当这时，牧师老师总是拿起厚厚的《圣经》敲击着教桌，拖长音调喊着："静一静，静一静。"达尔文和小同学们就停下小动作，端坐在课桌前。

达尔文学习赶不上妹妹，上课总打不起精神来。他喜欢课外活动，那些小虫、小草、小动物对他有着无穷的吸引力。达尔文常常把收集到的彩色的小石块、贝壳、昆虫、怪异的小草都带回自己的卧室里，一个人很有兴致地把玩。不光这样，他还给这些宝贝贴上标签，精心地收藏起来。妹妹看到后向妈妈告状："哥哥学习不好，老玩一些没用的东西。"妈妈总是一笑了之，很少追究责备达尔文。

就在达尔文上小学的这一年，妈妈去世了，家里没人再护着达尔文了。

达尔文听后，很高兴姐姐们管不到自己了，而哥哥伊拉兹马斯一向对自己不错，于是达尔文很高兴地接受了爸爸的安排。

猜腿

某天考生物，其中有一道题是看鸟的腿猜出鸟的名字。某生实在看不懂，生气地把卷子一撕，准备离开考场。监考老师很生气，于是问他："你是哪班的，叫什么名字？"某生把裤腿一掀，说："你猜啊！你猜啊！"

帮坏蛋说话

文/陈晓秀

达尔文小时候在一所学校上学。一天，老师给同学们讲了一则寓言故事：“一只鸟儿病了，饿了一天的小猫想吃它，于是戴上口罩，穿上白大褂，装扮成医生来到小鸟的家门口。细心的小鸟发现了猫钻出口罩的胡须，没有开门。小猫没有吃到小鸟，只好悻悻地走了。”

接着老师问大家：“这则寓言故事告诉了我们什么道理？”

小达尔文举手说：“它告诉我们，做一件事要达到目的，必须考虑周密，不留破绽。”

“不！”老师皱了皱眉说，“这则寓言是说坏人常常会以伪善的面目出现，我们在生活中要多加警惕。”

“就因为猫要吃小鸟吗？照常理，小鸟和猫比是弱者，应该替小鸟说话。可我却认为，小猫在挨饿，它也有生存的权利，它也得吃东西。”老师一听生气了，大声说：“你怎么在替坏蛋说话？简直是非不分！”

小达尔文分辩道：“老师，凭什么说小猫是坏蛋？就因为它想填饱肚子吗？那小鸟吃虫子，小鸟是不是坏蛋？老虎要吃小猫，小猫是弱者，这时小猫又成了什么呢？我们人类捕杀动物不择手段，连为我们劳动的牛马也不放过，我们人类算不算坏蛋？其实动物间吃与被吃，都是为了生存，根本谈不上什么好坏之分。”老师听他这么一说，也就不生气了。

帅哥

爱“说谎”的孩子

文/佚　名

一天，达尔文从果园里跑到爸爸身边，说：“我在灌木丛中发现了一大堆果子，肯定是有人偷了以后放在那里的。”

妹妹对爸爸说：“哥哥骗人，我明明看见是他亲手把果子从树上摘下来，然后放在那里的。”

达尔文顽皮地一笑，匆匆跑开了。

爸爸皱眉沉思起来，其实他早就发现儿子有说谎的毛病，那天他走进达尔文的“小小博物馆”，看见达尔文正认真地给一块化石拴标签，达尔文看到爸爸来观看自己的宝贝，高兴地说：“我的这块石头是无价之宝，另外我还有一枚罗马的古钱币，您看，就在这里。”

爸爸看了看儿子递过来的宝贝钱币，认出那是一枚已经被压变形的18世纪的旧便士。作为一名医生，他能理解儿子之所以会说出这些荒诞离奇的话来，其实正是他想象力丰富的表现。

可爸爸同时又对达尔文的前途很担心，这个孩子太顽皮了，一定得想办法好好管教管教他。

一天，爸爸把达尔文叫到跟前，说：“我为你找好了一所学校，明天就送你去上学。”

达尔文回答说：“可我在博物馆里的实验还没有做完呢，我正在试着给植物注入一种‘秘密液体’，让它开出五颜六色的花来，我不想去上学，别人家比我大的孩子都还没有去读书呢。”

爸爸严肃地说：“如果你还想‘玩’你房间里的东西，就必须去上学。”

爸爸这一招果然见效，达尔文不敢再说话了。

1817年3月，达尔文和妹妹一起进了当地的一所私立学校，学校里只有一位老师，是一位牧师，他以《圣经》为教材，给学生们讲些传说中的神话故事。

听完老师讲的课之后，学生们就不会再考虑是地球孕育着所有生命，不会再去想草原为什么会长草，骆驼为什么会是沙漠之舟。老师教会一代又一代的学生去感谢上帝

的恩赐，成为虔诚的教徒。

课堂上的达尔文是一个很不听话的孩子，老师的课讲得太枯燥乏味了，他拿出口袋里的“宝贝”摆弄起来。这是一块儿他前不久从海边捡到的死鱼皮，让他从森林联想到冰天雪地，让他感觉到生命随处都在，让他认识到生命是那么神秘和伟大。

达尔文越想越出神，竟然完全忘了自己是在课堂上。老师发现了达尔文的小动作，对他说：“请你背诵一下《圣经·旧约全书》里的《创世记》。”

达尔文央求道：“老师，您不要让我背《创世记》了，我来给您讲讲上帝创造鱼和其他海洋动物的相关故事吧。您知道我手里拿着的是什么东西吗？这是上帝用尘土创造的最早的那条鱼身上的皮，上帝捏出一条鱼的形状，然后向它吹了一口仙气，鱼就活了，这条鱼生了好多好多条小鱼之后，就累死了。”

老师被他的回答弄糊涂了，他也像学生们一样，睁大眼睛看着达尔文手里的鱼皮。达尔文接着说道：“上帝还会赐给我一块儿金光闪闪的宝石。”

老师问：“你怎么知道的？”

达尔文回答说：“上帝无处不在，这是他昨天晚上在我的博物馆里对我说的呀！”

老师被他的话搞蒙了，心想这个孩子一定是脑子有问题，一定得耐心开导他。

其实，达尔文所说的那些当然都是临时编出来的，可是他的博物馆却因此引起了同学们的注意，常常有同学主动要求来参观他的博物馆，而达尔文非常愿意把自己珍藏的宝贝拿给同学们看，他说自己是博物馆的馆长兼讲解员。

日子一天天过去了，达尔文越来越不喜欢读《圣经》了。他常常从爷爷的书架上偷出一些书，然后拿到课堂上去读，《鲁滨孙漂流记》《格列佛游记》《世界奇观》等一些有趣的书把他带到了一个全新的世界中。

达尔文在日记中写道：“总有一天我也会像书中的主人公一样，去欣赏大自然的无限风光。”

然而，他的这个想法却只能埋在心里，因为老师对他的学习成绩很不满意，已经几次找到他的父亲汇报他在课堂上的漫不经心了，他的谎话也好几次被家人当面揭穿，没有人能理解他心底的想法。

让报春花变色

文/董仁威

1817年7月15日，达尔文家的住宅里笼罩着悲哀的气氛。家里的女主人，刚满八岁的达尔文的母亲，丢下了六个可爱的孩子，静静地离开了人世。达尔文由姐姐苏姗牵着手，走进停放着母亲遗体的大厅。他看见妈妈穿着一件黑色天鹅绒长袍，脸上带着平静而温和的微笑，闭着眼睛躺在床上。孩子们围在妈妈的身旁哭泣着。达尔文想起妈妈平时的好处，虽然还不明白死亡的意义，但也忍不住掉起眼泪来。高大、肥胖的罗伯特·瓦尔宁医生，望着六个失去了母亲的孩子，痛苦地叹了一口气。

罗伯特·瓦尔宁是希鲁斯伯里镇的一位名医，每天从早到晚，找他看病的人络绎不绝。他哪儿来那么多精力管教孩子呀！失去了妈妈的小达尔文便成了一匹没套笼头的小野马。罗伯特医生将达尔文送进了一所十年制的学校，让学校来教育他心爱的小儿子。起初，小达尔文在凯斯先生办的学校里读书，一年以后，他转入布特勒博士办的学校学习。

那时的学校对学生没有什么吸引力。学校里没有自然科学的课程，成天念的就是那些死板的《圣经》、古希腊文一类的东西。老师在课堂上讲人是上帝创造的，宇宙万物都是上帝在六千年前花了六天的工夫造出来的。达尔文对这些课程一点儿也不感兴趣，他每天都盼望着放学的时刻。最后一堂课下课铃一响，他便飞也似的跑回离学校一千六百多米的家。

家里到底有什么东西吸引着他呢？一到家，他放下书包便拉着邻居欧文家的小姑娘芳妮向花园里跑。芳妮是个漂亮的女孩子，她最崇拜达尔文啦！每天达尔文放学的时候，芳妮就到达尔文家等着达尔文带她到花园里去玩。多美的花房呀！红的花，黄的花，紫的花……姹紫嫣红，花园里充满了春天的气息。小达尔文在报春花前停住了。他从口袋里摸出一个小小的瓶子，揭开瓶盖，往报春花的根上浇颜料水。芳妮瞪着惊愕的大眼睛，问："达尔文，你干吗用颜料水浇花呀？罗伯特伯伯可从来没这么干过。"

达尔文漂亮的浅蓝色眼睛里闪着调皮的光芒，说："傻姑娘，爸爸没干过的事我就不能干吗？告诉你吧，我正在做一个实验，要叫这些报春花变得五彩缤纷。"

芳妮憨笑着说："我不信，我不信，往根上浇颜料水，报春花就能变得五颜六色吗？"

达尔文自信地说："信不信由你，咱们等着瞧吧！"

这天晚上，达尔文做了个甜蜜的梦。在梦中，他看见用各种颜料水浇灌过的报春花和西洋樱草变得花花绿绿的，可好看啦！正在他得意得手舞足蹈的时候，苏姗姐姐推醒了他。呀！太阳都晒着屁股了，要迟到啦！他一个翻身爬起来，穿好衣服就向学校跑。他一面跑，一面在心里呼唤着："上帝呀，快帮帮我吧！要是迟到了，就得挨布特勒博士的训呀，那多丢人啊！"

幸亏达尔文是出名的飞毛腿，当他一溜烟儿跑到学校，气喘吁吁地在座位上坐定的时候，上课铃声刚好响起来。他不断地在胸前画着十字，感谢上帝的恩典。突然，他又想起了自己的报春花，报春花该变颜色了吧！他在胸前画了一个大大的十字，口中念念有词："上帝保佑呀，上帝保佑！"

达尔文 孜孜不倦 自然之子

下课后，坐在达尔文旁边的同学莱顿问道："达尔文，你刚才在念叨什么呀？"

达尔文神秘地笑了笑，凑在莱顿的耳边吹牛道："莱顿，告诉你一件稀罕事，我在报春花和西洋樱草的根上浇了颜料水，报春花和西洋樱草都变成五颜六色的啦！"

莱顿也是一个热爱大自然的孩子。他听达尔文说了这件古怪事，心里痒痒的，一个劲儿求达尔文带他去看看这些奇怪的花草，达尔文欣然应诺。一放学，两个人就高高兴兴地去达尔文家看奇迹了。

当然，他们并没有看到在达尔文梦中出现过的色彩缤纷的报春花和西洋樱草。不过，达尔文并没有让朋友失望，他给莱顿看了他搜集的各种宝物，什么贝壳呀、印章呀，还有古钱币、矿物等。他指着从花园外马路上搜集来的大大小小的鹅卵石，对莱顿发誓说："莱顿，我长大以后，一定要搞清这每一颗鹅卵石的来源。"

两个朋友谈得十分投机，他们在花园里一边散步，一边观赏花草。莱顿怀着浓厚的兴趣，指着花园里各种各样的花草，向达尔文请教这些花草的名字。达尔文将这些花儿摘下来，看看这些花儿的内部，总能叽里咕噜地念出一些似是而非的拉丁文来，说这就是这些花儿的名称。莱顿对朋友辨认花草名称的非凡本领佩服得五体投地，说："达尔文，你真有两下子。告诉我，你是用什么方法辨认出这些花儿的名称的呢？"

达尔文故弄玄虚，说："这是我妈妈教我的方法。只要看一看花的内部结构，就能够知道这种花的名称。这里面的学问可深啦，不是一两句话能说清楚的。"

莱顿见朋友卖关子，不肯传授辨认花的名称的秘诀，便心生一计，说："达尔文，我有一件宝物。你看我这顶旧帽子，它可是神通广大。这是我的叔父留给我的。由于我叔父遗留下一大笔钱，赠给了希鲁兹伯里镇

铺子里的人，只要看到这顶旧帽子，只要持这顶旧帽子的人将这顶旧帽子从左到右旋一个圈儿，就可以拿铺子里卖的任何东西，不用付钱。如果你把你妈妈传授给你的方法教给我，我就把这顶神通广大的旧帽子送给你。好吗？”

达尔文将信将疑。莱顿见朋友犹豫不决，便说：“达尔文，你不相信？走，咱们去试试！”

达尔文的好奇心被朋友挑逗起来了。他和莱顿一起来到繁华的大街上，街上挤满了熙熙攘攘的人群。餐馆、点心铺、百货店，好多好吃好玩的东西呀，达尔文看得眼花缭乱。莱顿走进一家点心铺，将旧帽子取下来，在手上从左到右旋了个圈儿。然后，向店员要了各式各样的一大堆点心。店员将这些点心打包，毕恭毕敬地交给莱顿。莱顿没有付钱，大摇大摆地走出店铺门。一出门，莱顿打开点心包，请达尔文吃，并得意地说了声：“怎么样？”

达尔文拿了一块点心吃起来。好香的点心呀！达尔文乐不可支。莱顿同达尔文一边吃点心，一边逛闹市。莱顿又带着达尔文走进一家百货店，他像刚才那样摆弄了一下神秘的旧帽子后，要了一些小玩意，没有付钱就拿着东西走出店门。达尔文完全相信了这顶旧帽子的魔力。一出店门，他就向莱顿恳求道：“莱顿，把这顶帽子借给我用一下吧，要是灵验，我就把辨认花的秘诀告诉你。”

莱顿故意迟疑了一下，把旧帽子交给了达尔文。达尔文兴冲冲地走进另一家点心铺，在店员面前把这顶旧帽子从左到右旋了个圈儿，然后向店员要了一大堆点心。店员将点心交给他后，他也不付钱，拿起就走。店员惊诧地看着这个买东西不付钱的小家伙大摇大摆向店外走去，惊慌地大喊一声：“抓贼！”店员拔腿从柜台内追出来。达尔文吓得丢了点心，没命地逃出店门。

达尔文气喘吁吁地逃到城里那块著名的大钟石前，向后望了望，见只有莱顿跟在后面，没有其他人跟上来，才止住脚步，一屁股坐在大钟石下。莱顿看着达尔文的狼狈相，开心得哈哈大笑起来。达尔文恼怒地望了朋友一眼，把旧帽子往朋友面前一丢，气冲冲地说道：“你这个可恶的骗子，搞什么鬼呀？”

莱顿眨了眨他那亮晶晶的小眼睛，说：“达尔文，要说我是骗子，我承认。谁叫你先骗人呀！你说报春花和西洋樱草能变色，是不是骗人？你说你妈妈教了你一套辨认花的名称的秘诀，是不是骗人？”

莱顿这一番话问得达尔文哑口无言。达尔文想：“是呀，我是撒了谎，撒了谎活该受报应呀。”他的气消了，但仍好奇地问：“这到底是怎么回事呀？”

莱顿解释道：“我进的这两家铺子，是同我家有协议的，买东西可以记账，以后一并总付。有没有这顶旧帽子没关系，只要是我家的人去买东西，都可以不付现钱。明白了吗？”

原来是这么回事。两个人约定今后不再撒谎，重归于好。他们闲聊了一阵后，又为背后这块奇怪的大钟石争论起来。真的，这块大石头真奇怪呀！达尔文听爸爸说，在整个大不列颠岛上，都没有这种石头。这块石头是从哪里来的呢？好奇心特别强烈的达尔文提出了各种各样的可能性，同莱顿争得面红耳赤。在旁边听着这两个小家伙争论的一位知识渊博的老人走到他们面前，拍着他们的肩头，严肃地下了结论：“小伙子们，不用争啦。这是一块在整个大不列颠岛上都找不到第二块的大钟石，就是到了世界末日，也没有人能够解释它是从哪里来的。”

达尔文可不相信这个权威性的结论，他一直在琢磨这块大钟石的来历。

"笨孩子"的秘密

文/佚　名

小达尔文八岁的时候，妈妈去世了。

妈妈去世后，家务活全都落在了二姐卡罗琳身上。

随着达尔文的爱好越来越广泛，被请回家里来的"客人"也越来越多。

一天，卡罗琳在收拾房间时，一条小蛇从达尔文的博物馆里爬出来，吓得她跑到爸爸面前哭了起来。

爸爸为达尔文在学校里学不到什么东西担忧，如何才能改变他的学习环境呢？

1818年夏天，达尔文和哥哥伊拉兹马斯被送到希鲁斯伯里中学读书。

离开私立学校，达尔文最舍不得好伙伴莱登了。尽管同学们对他的博物馆很感兴趣，但只有莱登能与他进行沟通，他心里默许莱登做他的实验助手。离开私立学校过寄宿生活，将很少有机会见到莱登，达尔文心里很不是滋味。

新学校主要学习古代语言、拉丁文和希腊文，达尔文喜欢的数学课却教得很少，自然科学和现代语言课程根本就不教，老师考查学生的成绩只是看书写和背诵能力如何。

达尔文的哥哥伊拉兹马斯比达尔文大两岁，长得白白净净的。当爸爸把他们哥儿俩带去见希鲁斯伯里学校的校长时，校长打量着达尔文说："你们是亲兄弟？"

哥哥说："是的，他是我亲弟弟。"

校长说："太不像了，看看你弟弟的手，这手上怎么……"

原来，达尔文手上的伤是他翻山越岭收集标本时划破的。达尔文每次发现鸟蛋时，都不忍心把蛋全部拿走，为了不让鸟妈妈伤心，每次只取走一个蛋。达尔文在收集昆虫时更表现出仁慈善良的一面，他不忍心用大头针扎住昆虫，更想不出用什么好办法把它们弄死，他只好去找那些死去的昆虫，找死昆虫要花费很长时间，要下很大的功夫。

来到寄宿学校后，达尔文最大的愿望就是盼望学校早些放假，那样他就可以回到自己的博物馆里工作了。他曾钻学校每两周点一次名的空子，偷偷跑回家里去做实验。他对自己在学校学的功课要求并不高，只要能通过考试就可以了。

渐渐地，校长和老师发现，达尔文成绩并不是很理想，思维也很不正常，有时听完老师讲的课，他脑海里仍是一片空白。

老师们又发现，达尔文并不是一个笨孩子，他对校外一位老师讲的欧几里德几何课中的一些定理，学得最快。

不过，来寄宿学校后，也有一件让达尔文高兴的事，他学会了使用晴雨表上的游标，因为他的实验室里正需要这种仪器！

贵族幼儿园面试

小露丝去考贵族幼儿园，面试时老师取出一张10元的钞票问："这是什么？"小露丝很快回答："这是奶奶给乞丐的废纸。"老师说："好了，不用考了，你已被录取了。"

聪明的小骑手

文/佚　名

寄宿学校的日子过得非常慢，达尔文终于盼来了第一个暑假。

爸爸拿着他们兄弟俩的成绩单说：“伊拉兹马斯是上等生，达尔文是中等生，我担心这样下去你会变成落后生啊！”

爸爸的话让达尔文的心里很难受，可他马上又忘记了，因为他早就计划在暑假里学会骑马，现在，他实现计划的机会就要来了。

在爸爸看来，达尔文并不是一个勤奋好学的孩子。当时，学习古文化知识被认为是绅士的标志，希腊和拉丁文学在绅士阶层中非常盛行，爸爸和老师要求达尔文学好这些功课，是为他的前途考虑，可是达尔文全然不理会这些。

不能与爸爸和老师进行更好的交流，让达尔文的心里感到很压抑，他决定去大自然中寻找自由。

达尔文家里养着一匹英俊的白马。妈妈还在世的时候，达尔文就对这匹马非常偏爱，他和白马早就成为好朋友了。

射猎场是一些富人经常去的地方，很少有像达尔文这样小的孩子来玩。

因此，当达尔文牵着白马出现在射猎场上的时候，立刻引来了许多注视的目光。

然而在他上马时出现了非常尴尬的一幕。他放下缰绳，两手搭在马背上，双脚一蹦，努力往高处跳，可就是跳不到马背上。

他又找了一个高坡，让马儿站在坡下，自己站到坡上。马儿又高又大，而他的个子又矮又小，脚下的高坡也帮不了他的忙。

达尔文无奈地向四周张望着，他多么希望有一个人把自己抱到马背上啊！

可是人们都在各忙各的，好像并没有人注意到他。

突然，达尔文灵机一动，想到了一个好办法，他牵着马向一棵大树跑去。到了树下后，达尔文放开马缰绳，马儿听话地站在树下，他迅速爬到一个大树杈上，然后猛地向下一跳，正好落在马背上。

“好，好，这孩子太聪明了。”

一抬头，达尔文看见一伙人，正在前面不远处望着自己。

“小孩儿，你是谁家的孩子，为什么就你一个人来打猎？”

“我是医生达尔文家的孩子。”达尔文不想回答另外一个问题，是啊，他为什么就一个人来呢？本来哥哥说好要一起来的，但爸爸为哥哥找好了补习班，听话的哥哥去学习了；还有小妹妹，她是争着要来的，可是在他没有学会骑马之前，是不能带小妹妹来的；爸爸每天在诊所里从早忙到晚，也根本没有时间陪他玩。

“哦，原来是达尔文家的小少爷，你用这种方法骑到马背上真是太聪明了。”

爸爸作为一名医生，在这里声望很高，一提到爸爸的名字大家都知道。和达尔文搭话的，是这里的一名乡绅，也是爸爸的一个好朋友。坐在马背上，达尔文一下子便把以前在家里和学校里的不愉快全都忘记了，他感觉自己是世界上最幸福的人。

很快，达尔文和射猎场上的一些大人成了好朋友，他们经常相约去远方打猎。这使达尔文渐渐成了一名出色的骑手和猎手，同时也成了一位野外的博物学家。

富有奇特的想象力

文/谢芳群

从小时候开始，达尔文就养成了一个非常特别的习惯，他喜欢一个人沉思默想，而且常常会想得出神。

有一天他回学校时，摔了一跤。他没有好好地在地上走，而是在一段旧城墙上走。城墙有两米多高，达尔文走在上面，脑子里浮想联翩，独自出神，一不留神，就摔到了城墙下。还好没有摔伤。在他从城墙上摔到墙脚的短暂时刻里，达尔文头脑里的想法似乎一下子都活跃起来，各种各样的思想都涌现出来。想法之多，连他自己都十分惊讶，所以当后来有人说每种思想都要经历相当长的时间才发生时，他根本不相信。

除了独自散步出神外，在钓鱼的时候，达尔文也是安静的。他的爱好十分广泛，除去他收集的那些宝贝，他也十分热爱钓鱼，他常常一个人安安静静地坐在河边或者池畔，聚精会神地凝视着钓丝上的浮子。

有一件事情给达尔文留下了深刻的印象。在希鲁兹伯里城里举行了一次龙骑兵的葬礼。这个英国龙骑兵参加了滑铁卢战争，在这场战争中英国军团战胜了法国甲骑兵军团。虽然他们的军队胜利了，但是这个龙骑兵却阵亡了。

达尔文看见有一匹马，在马鞍上，悬挂着死者的一双军靴和一副甲胄；他看到了在墓地上鸣枪致敬的情景。这些景象一直留在达尔文的脑海里，在他的心头激起了一种诗情的幻想。

是的，顽皮淘气的达尔文也有安静的时候。

达尔文虽然不喜欢学校里的课程，但是他却十分喜欢阅读各种图书。他时常一连几个小时静坐不动，专心阅读莎士比亚的历史剧，拜伦和司各特的诗集，还有汤姆森的《四季诗集》。他通常是坐在校舍的一个老式的窗洞里。这个窗洞往里深深地凹了进去，小达尔文的身子正好可以舒舒服服地坐在里面。没有一个人来打扰他，一个人静静的阅读真让人高兴。

阅读使人愉快，达尔文还喜欢另外一种愉快。他十三岁的时候骑马到威尔士边境去游览，那里优美的景色使他欣喜异常，虽然后来他见过很多美景，但是第一次的印象却永远不能被抹去。

有一天，达尔文的同学从家里带了一本《世界奇迹》到学校来。噢，他一拿出这本书来，就马上被别人抢走了。全班几乎所有的人都读了这本书，最后才回到这位同学的手里。达尔文更是喜欢，他借了好多天，时常阅读它。这本书里记载了好多好多奇怪的事情和东西，都是大家所没有见过、没有听过的。那段时间，班级里到处都是争论的声音，有人说这些是真的，有人说全是假的。

对达尔文来说，这本书激发了他的一个愿望：到遥远的地方去旅行。

酷爱收集死昆虫

文/佚　名

达尔文的一生收集了无数的昆虫标本，这些标本有一个共同之处，那就是它们都是由死去的昆虫制作而成的。为什么会这样呢？这还要从达尔文小时候说起。

达尔文小时候就表现出对大自然狂热的热爱，只要一有空闲，他就会跑到田野里去，寻找各种各样稀奇好玩儿、活蹦乱跳的虫子。

有一次，达尔文和家人到威尔士的帕拉斯爱德华村的海滨去度假，在那里过了三个星期。在海滨最大的收获是，发现了一种黑色中带有猩红色的大昆虫、很多飞蛾和一种斑鳌。太神奇了，这些昆虫是他在希鲁兹伯里从来没有见过的。达尔文高兴极了，他马上动手把它们全抓了回去。

那些虫子在他握起来的手掌里不老实，老是动来动去，还挠他痒痒，恐怕它们不大愿意待在这个地方。可千万别逃走哦，这么想着，达尔文的手握得更紧了。

是苏姗来开的门，卡罗琳、玛丽安娜都在客厅里，达尔文高兴地跑过去："给你们看好东西！"

"什么好东西？"

"保证你们在希鲁兹伯里没有见过。"

姐姐们都很好奇。

"大家凑近来看，别让它们逃跑啦，我好不容易抓到它们的！"

达尔文松开了手掌。虫子们纷纷落下来，落在桌上，躺在那里一动不动。倒是没有逃跑，可是它们都死啦。

咦，怎么回事？

卡罗琳说："为了采集昆虫，把它们弄死，是一种不良的行为。"其他人也都表示同意。

这次，达尔文没有觉得卡罗琳啰嗦，她说得对，看着这些死去的昆虫的确很让人难过，刚刚它们还在手心里挠他痒痒呢。可现在，你看看它们吧，全死啦。

从此以后，达尔文就决定收集死昆虫。他把他所能找到的死昆虫全都收集起来。不仅是收集死昆虫，达尔文收集鸟蛋也有一个特点，他总是在每个鸟巢里只取走一个鸟蛋。

由此可见，达尔文的心地是多么善良啊！

调皮的公子哥儿

文/谢然 向东

达尔文上学时经常贪玩、旷课，并不是一名好学生。

1818年夏天，达尔文和哥哥进了希鲁斯伯里中学做了寄宿生。希鲁斯伯里中学离达尔文家只有一千六百多米，这所学校是文科学校，专门对学生进行古典文化教育，管理严格。校长布特勒博士是老达尔文的好朋友。他对自己的学生们寄予厚望，希望把他们培养成政治家、哲学家或神学家。

学校的课程就是围绕这个目标安排的：宗教课、荷马史诗、贺拉斯(古罗马诗人)的诗、拉丁诗歌的朗诵……一天到晚总是这些抽象的东西。

班里的学生都比达尔文大，看着同学们摇头晃脑地朗诵着谁也听不懂的古诗，达尔

文起初觉得很好玩，可新鲜劲儿一过，他就开始烦了。在装模作样地念诗的时候，他总是惦记着河里的小鱼、树上的鸟窝、草丛里的甲虫，那些花啊、草啊的好像都在向他招手。所以，在课堂上，达尔文常常走神，每逢老师提问，他总是咕嘟着嘴答不出。

学校离家不算远，达尔文忍不住的时候就偷着跑回家，摆弄他的那些宝贝，或者一个人跑到野外，带上他的小狗，疯跑着捉虫子。

他虽然功课不好，可是读的书却不少，虽然多数是跟学校课程没什么关系的书，像拜伦、雪莱的诗歌，还有《鲁滨孙漂流记》《格列佛游记》《世界奇观》这些想象力丰富的书籍。尤其是《世界奇观》这本儿童读物，介绍古代世界七大奇观，那时的英国孩子几乎每人都有。尽管达尔文上课时无精打采，可课下讨论起这本书来却兴致勃勃。

一天，达尔文和同学讨论《世界奇观》中哪一个最神奇。

一位同学说："空中花园最神奇，用一个高台子把一个美丽的花园托入高空，举世无双。"

另一位同学说："罗德岛上的太阳神像最神奇，它有100多米高，不知是怎么雕琢出来的。"大概这位同学喜欢雕塑，才发出这样的赞叹。

"不对，埃及的金字塔最神奇，它一直保留到现在，有5000多年了，这么高的金字塔是用一块块石头砌成的，石头之间严丝合缝。"

最后大家不说话了，都把目光集中到还没有发表意见的达尔文身上。

达尔文开口了："七大奇观保留到今天的只有金字塔，可是还会有没被发现的世界奇观，我真想像格列佛一样周游世界，看一些没有见过的动物、植物和古代的遗迹。"这一下引起了同学们的无限遐思，他们都幻想着将来有一天乘坐一条大船周游世界。

达尔文的课外活动丰富多彩，学校附近有片小树林，这里成了达尔文逮昆虫捉鸟儿的乐园。他读了一本关于鸟儿的书籍，对鸟儿的习性产生了兴趣，天天到小树林里去观察，还像模像样地做了记录。

一次老师正讲希腊文，达尔文却盯着窗外一棵树上的小鸟发呆，他看得忘乎所以，竟然不自觉地用口哨学起鸟叫，结果引起哄堂大笑。

老师恼羞成怒，训斥了达尔文一通，还把达尔文的事情告诉了校长。校长对达尔文产生了不好的印象：老朋友的小儿子是个游手好闲、不务正业的公子哥儿。

老师拿他没办法，父亲又没时间管教他，达尔文就这么混了好几年。一转眼，他14岁了，长成了一位翩翩少年。不过一切都还是老样子，他热衷于野外活动，喜欢收集矿石和制作昆虫标本，不喜欢学校的课程。

有一天，达尔文发现，哥哥在神神秘秘地不知道玩什么花样，就悄悄地盯上了他。哥哥钻进储藏室好长时间不出来，达尔文就闯了进去。

哈，原来哥哥在储藏室里藏了一些东西，正在做有趣的化学实验。哥哥看到他闯进来，吓了一跳。他生怕达尔文去告密，不仅允许他观看自己做实验，还让他亲手操作一下。达尔文在哥哥的指挥下，小心翼翼地把一点儿粉末倒进试管里，原来无色的液体变成了绿色。

太神奇了！达尔文迷上了化学实验。哥儿俩常常从学校溜回家，躲到储藏室里，搞他们神秘的实验。他们按照书本上的说法，有时制造出一种化合物，或者把两种物质放在一起溶解，制造出一种气体，每当成功完成一项实验，哥儿俩便欣喜若狂，拥抱在一起相互祝贺。回到了学校，达尔文还绘声绘色地给同学们讲述实验的过程。

达尔文哥儿俩做实验的事情传到校长耳

朵里了。这位老学究很不高兴，他认为达尔文哥儿俩不务正业，再不好好管教，恐怕会辜负了老朋友的托付。

他把达尔文哥儿俩叫到了办公室，一脸严肃地责问说：“听说你们俩不好好学习，深更半夜跑回家玩有毒的化学药品，到底怎么回事？”

达尔文大着胆子辩解说：“我们不是玩有毒的药品，我们是在做化学实验。”

校长气坏了，他一拍桌子，厉声说：“做实验的都是些科学家，你们是连拉丁语都弄不明白的黄口小儿，做什么实验！”

“我们做的实验很成功，校长……”达尔文还是不服气。

“够了！”校长气得脸都发青了，“啪”地拍了一下桌子，“你们如果执迷不悟，我就通知你们的父亲，把你们领回家。”

哥儿俩一听校长要开除他们，吓坏了，愁眉苦脸地你看看我，我看看你，耷拉着脑袋退了出去。

第二天早晨，做完祷告，校长公开点名批评达尔文，说他一错再错，不知悔改，是个不可救药的学生。达尔文吓坏了，再也不敢溜回家做实验了，可背地里，仍然偷看一些化学方面的理论书籍。

爸爸很快就知道了这件事。这位名医很看重自己的脸面，他很恼火儿子们不争气，一怒之下放下手中的工作，把达尔文叫到跟前。达尔文看到父亲涨红了脸，身子微微发抖，知道父亲生气了。

“你整天只知道逮鸟、玩狗、捉老鼠，还做那些没用的化学实验。不把学校里的课程学好，将来你会后悔的！”

“爸爸，我对学校里的课没兴趣，那些东西没用。”达尔文为自己辩解。

老达尔文气得手都哆嗦了：“我看你只喜欢那些乱七八糟的东西，对什么都不感兴趣，将来你会自食其果，还会连累全家，让我们一家蒙羞的。”

达尔文低下头不敢再说话了。老达尔文立即做了决定，把大儿子送进爱丁堡大学学医，让达尔文停学在家。他又担心小儿子四处游荡，就让他在自己的诊所打下手。

达尔文正处于好奇的年龄，他在旁边观摩爸爸为病人诊病，还为爸爸做病案记录，根据爸爸的口述，为病人配药。有一次，爸爸的诊所里来了个奇怪的病人，这是一位中年妇女，一见到父亲就号啕大哭起来。她一哭就没完没了，弄得父亲没法给她和其他病人治病。达尔文在一旁想，不知爸爸有什么办法能治病人的“哭病”。只见父亲轻轻地说：“尊贵的夫人，哭吧，痛痛快快地哭吧，再放大点声哭个够吧！”嘿，这位夫人果然不哭了。你说妙不妙？达尔文对父亲的这一绝招佩服得五体投地。病人走后，达尔文好奇地问道：“爸爸，那位夫人哭得那么伤心，你不劝她，反而还鼓励她哭，这是为什么呢？”

爸爸笑了笑，说：“做一名医生，必须懂得心理学。以前，我看到病人哭泣，总是劝她们别哭啦，别哭啦，谁知越劝哭得越厉害。后来，我索性劝她们哭下去，鼓励她们哭，她们反而很快地止住了哭。你去研究研究吧，这是一种什么样的心理？”

几天后，达尔文就有了实践父亲这番话的机会。他要骑着一匹快马，到离家30多公里的舅舅家去。住在梅伊尔的约西亚舅舅和一大群表姐妹们热情地接待了他。表姐妹中，同达尔文最合得来的一个叫查洛蒂。查洛蒂长得非常秀丽，有一双像海水一样湛蓝的大眼睛。从童年时代起，达尔文就喜欢同查洛蒂在一块儿玩。如今，查洛蒂已经长成一位十分可爱的少女了。查洛蒂晚饭后突然喊起肚子痛来，肚子痛得越来越厉害，她痛得哭起来。附近又没有医生，约西亚舅舅急得团团转。达尔文主动担起医生的担子。他见查洛蒂哭得越来越厉害，心里很难受。他本来想安慰安慰查洛蒂，但他突然想起父亲医“哭病”的办法，便硬着心肠板起脸，说：“查洛蒂，查洛蒂，你哭吧，痛痛快快地哭吧，放大点声哭吧！”

查洛蒂正肚子痛得难以忍受，多么想听到心爱的表弟说几句温柔的安慰话啊，没想到他会泼来一瓢冷冰冰的水，伤心极了，索性放声痛哭起来。达尔文见这一招不灵，急得束手无策。还是约西亚舅舅有主意，他套好马车，同达尔文一起将查洛蒂送到达尔文家中。罗伯特医生也没理会查洛蒂在哭，迅速地诊断了病情，给姑娘吃了点儿奇妙的药水后，查洛蒂的肚子痛就止住了。

查洛蒂平静以后，达尔文将自己治“哭病”的事讲给父亲听。父亲乐得哈哈笑起来。他没有正面回答儿子的问题，只是给儿子讲了一些他是如何处理个别病人提出奇怪要求的事。他说：“我常常遇到这样的病人，他们渴望吃某种异常的食物。同不同意他们吃呢？我是这样处理的，我总是要问，你为什么想吃这种食物呢？如果病人回答说，他也不知道为什么想吃这种食物，我就同意他吃这种食物，因为我相信这是出于他的一种本能上的要求。如果病人回答说，他是因为听到别人说吃了这种食物有益处，我就坚决不同意他吃这种食物。”

达尔文对父亲的话想了很久很久，越想越觉得医生这一职业不简单，学问高深。他照顾病人更加起劲了。他将自己病人的症状详细地记录下来，讲给父亲听，父亲进一步询问，并告诉他如何下药。达尔文根据父亲的意见，开始治疗起病人来。罗伯特医生见儿子第一次迷上了一件正经事，非常高兴。他把儿子叫到身边，说：“儿子，我已经为你安排好了，你到爱丁堡大学医学系去读书吧，将来像爸爸一样，做一名受人欢迎的医生。”

梅庄寻宝

文/周　敏

1825年夏天，达尔文在希鲁斯伯里中学毕业了，他终于自由了。

眼下达尔文最想做的就是到快乐的梅庄去。达尔文从小就通过母亲的谈话，对梅庄有了很好的印象，大大的门牌、高大的榕树、茂密的树林、广阔的草地，这些美丽的景象常常在他的脑海里出现。

梅庄是距希鲁斯伯里30多千米的一个小镇，那里有一座漂亮的豪宅，舅舅乔赛亚·韦奇伍德一家就住在这里。

舅舅是一个才华出众的人，一些杰出的文学家、科学家都是他的朋友。舅舅对达尔文特别偏爱，他是所有长辈里唯一能理解达尔文爱好的人，是达尔文的知心朋友。

母亲活着的时候，达尔文一次也没有去过梅庄。第一次去梅庄，是母亲去世后的第二年，爸爸带他去舅舅家做客，达尔文才有了和舅舅一家人最亲近的接触。

舅舅家有四个男孩、四个女孩，他平时很少和家里人讲话，好像总是在思考问题，孩子们要想和他讲话必须鼓足勇气，但达尔文初到梅庄后就表现出了“野气”，使舅舅对他另眼相看。

达尔文和表兄弟姐妹相处得很好，特别是最小的表姐爱玛和他成了形影不离的好朋友。爱玛比达尔文大近一岁，娇小可爱，达尔文和她在一起玩时，常常忘了谁大谁小，总认为爱玛比他小两三岁。

从梅庄回来，达尔文和爱玛一直保持书信往来，爱玛的文化课很好，与爱玛通信，提高了达尔文的写作能力，他们之间也建立了深厚的友谊。

五年后，达尔文第二次来到梅庄，已经是个16岁的少年了，他文质彬彬，个子也长高了许多。

爱玛拉着达尔文的手说：“我带你去一个美丽的地方。”他俩一起游览了梅庄，两个人之间滋生了一种超出亲情的感情，那种感觉是神秘的。

来到舅舅家的第一天晚上，达尔文记录了自己在梅庄游玩路上的所见所闻，舅舅看见达尔文纸上画着的苔藓图案说：“没想到

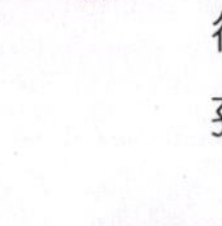

你对生物有这么浓厚的兴趣。”

达尔文说：“这次来梅庄，是想在看望舅舅一家人的同时，在梅庄找到更多的动植物标本。”

舅舅拍着达尔文的头说：“哦，你是来寻宝的，明天我再送你一件宝贝。”

舅舅走后，达尔文激动了许久，这件宝贝会是什么呢？

谈到舅舅说的宝贝，使达尔文想起在他16岁生日那天，舅舅送给他的那本精装的《赛尔波恩》。这是一本关于自然界奇迹的书，达尔文把它当作宝贝，看了一遍又一遍。

这回舅舅送给他的又会是什么宝贝呢？舅舅藏书那么多，一定会是一本书，达尔文越想越激动。

第二天早上，达尔文早早地来到舅舅的房间。舅舅把一个包装得很精美的小盒子递给达尔文说：“打开看看，你一定会喜欢的。”

达尔文小心地接过盒子，轻轻地打开，只见里面有一个做工别致的仪器。

“哦，这是气压计，我以前在书上看见过它。舅舅，您真的送给我吗？”

舅舅说：“我不但要送给你气压计，还要带你去见一位大科学家。”

达尔文说：“我猜，这位科学家一定是威廉·高尔顿，我早就听说你们俩是要好的朋友。”

达尔文望着舅舅，舅舅的眼睛和妈妈长得多像啊，还有他谈话说笑的表情，他的一举一动让达尔文感受到和母亲在一起时的温馨和快乐。

舅舅把达尔文带到了威廉·高尔顿面前，达尔文太高兴了，他拉着威康·高尔顿的手问这问那。

威廉·高尔顿没有把达尔文当成毛孩子看，而是把他当成有共同爱好的朋友，他用了一个上午的时间给达尔文讲解气压计上刻度盘的作用，讲解气压计的原理。

达尔文把自己所记录的一些有价值的资料拿给威廉·高尔顿看。

威廉仔细看后，对舅舅说：“达尔文收集标本已经有一定的基础，并且观察到了一些有价值的细节。”

舅舅在一旁补充说：“达尔文，我知道你不想学画画，但为了能更好地研究生物，你必须学画，必须让别人一眼就能看出你画的是什么，此外还要加强自己的语言表达能力……”

威廉说：“有好的语言功夫，对一个从事研究的人太重要了。我有一本《莎士比亚戏剧故事集》送给你看，要想丰富自己的词汇，就要从阅读名著入手。”

达尔文说：“我很早以前就喜欢雪莱和弥尔顿的诗，从12岁起，我每天都要背一首弥尔顿的《十四行诗》。”

舅舅说：“我的藏书里有你需要读的书，只要你喜欢走时可以拿去，拿不了的话，舅舅可以用车帮你拉去。”

感受到舅舅和大科学家对自己的关爱，达尔文的眼睛湿润了。他在心中感谢舅舅，舅舅成了他学习的榜样。

听　话

一个男人很怕老婆。一天，他老婆又当着客人的面和他吵了起来，并打了他一耳光。为了面子，男子壮着胆子大吼：“你敢再打我一下？”他老婆毫不犹豫地又打了他一下。男子看吓不住老婆，只得说：“既然你这么听话，我就饶你一次吧。”

选专业，与舅舅促膝长谈

文/刘 冰

年轻的时候，达尔文最喜欢去的地方是舅舅一家所在的梅庄，在那里，不仅有他尊敬的舅舅，还有他最喜欢的小表姐爱玛。

每当达尔文在舅舅的书房里埋头读书时，爱玛都会为他送去一杯热水，然后帮他查找资料并做记录。当达尔文要去河边钓鱼的时候，爱玛是他最好的玩伴儿。

一个阳光明媚的清晨，达尔文挖到一条蚯蚓，想把蚯蚓拴在鱼钩上钓鱼。

爱玛说："不要这样对待蚯蚓，它太可怜了！"

达尔文说："不会的，它的神经系统很低下，根本感觉不到痛苦。"

爱玛说："那我也不忍心看到它在鱼钩上拼命挣扎的样子。"

达尔文说："可是，如果我不把它放到鱼钩上，鱼怎么会上钩呢？"

爱玛从厨房里拿来一些盐水，把蚯蚓放进去，蚯蚓很快就死了。

达尔文说："死蚯蚓怎么能让鱼儿上钩呢？"

爱玛说："求求你，我相信你可以的，你用死蚯蚓也一定能钓到鱼。"

从此，达尔文记住了爱玛的话，以后的日子里，他再也没有用活蚯蚓钓过鱼。

一天，爱玛津津有味地背诵弥尔顿的《十四行诗》，达尔文发现后大喜过望，说："没想到你也喜欢弥尔顿的诗？"

爱玛说："我不但喜欢背他的诗，还喜欢自己写诗呢，让我为你背诵一首……"

诗，成了达尔文和爱玛两个人关系的催化剂，他们的谈话内容也越来越深入了。

时光飞逝，眨眼间，达尔文来梅庄已有两个多月，该回家了。爱玛帮他整理行装，轻柔的灯光下，两个人谁也不说话，可心里又都有很多话要说，最后还是爱玛先说话了："我相信你将来一定会有所成就。"

达尔文说："爸爸想让我学医，可是我不喜欢医生这项工作，这让我很为难。"

爱玛说："你要对自己有信心，我相信你将来一定会成就一番大事的。如果你拿不定主意，可以去征求一下我爸爸的意见。"

于是达尔文走进舅舅的房间，向舅舅汇报了自己两个月来的学习心得，然后对舅舅说："去年圣诞节的时候，爸爸和我谈话，说计划送我去爱丁堡大学学医。"

舅舅说："医生是个很好的职业，毕业后，你可以去菲尔德开家诊所，你爷爷在那里很有声望，你去那里开诊所一定会有前途的。"

达尔文说："有哥哥继承爸爸的职业，我想继续学植物学和动物学，我要接着研究爷爷的植物学和动物学。"

舅舅说："现在最好的办法就是一边学医，一边学习你自己感兴趣的东西。去爱丁堡大学吧，那里开设生物学和生理学两门课，如果你以后想往博物学方面发展，就需要有这两方面的知识做基础。"

夜深了，达尔文和舅舅一直聊着。舅舅的话在达尔文的脑海里留下了深刻的印象，他决定听从舅舅的建议，去爱丁堡大学学习。

女人都是骗子

一只饿狼觅食，听到有女人在训孩子："再哭就把你扔出去喂狼！"孩子哭了一夜，狼在门外痴痴等到天亮，始终没见孩子被扔出来，最后长叹一声："骗子，女人都是骗子！

“劣迹斑斑”的大学生

文/佚　名

1825年10月，还不到17岁的达尔文成了爱丁堡大学的一名学生。

达尔文选修了医学、化学、临床学、解剖学、外科学。一开始，他决心学好医学，不辜负父亲的厚望，但不久就动摇了。大学的课程和中学一样枯燥乏味，教授们采取的是填鸭式的教学模式，尤其医学理论课程，令达尔文十分头痛，他上课时打瞌睡，还经常开小差。

解剖学课程也让达尔文厌恶，达尔文第一次进解剖室就无法忍受。干瘪的尸体陈放在解剖台上，浸泡尸体的药水的气味直刺鼻孔，解剖学教授手拿解剖刀随心所欲地划开尸体，并用玩笑的口气向学生们做着说明。达尔文当场呕吐，头也不回地冲出了解剖室。事后达尔文得知，尸体是从福利院运来的死去的无依无靠的老人，这更增加了他的抵触情绪。

有一次，著名外科专家汉密尔顿教授为一个患骨髓炎的小姑娘做手术。达尔文被通知前去观摩。

酒精的麻醉作用很微弱。护士们绑住了小姑娘的双手双脚，还往小姑娘嘴里塞进了一块纱布，然后紧紧按住小姑娘的头。汉密尔顿教授举起锋利的手术刀割开了小姑娘的腿，鲜血流了出来，小姑娘嘴巴被塞住了无法号哭，只是凄惨地哼哼着。达尔文再也无法忍受这种惨烈的场面，推开人群跑出了手

术室，从此再也不上外科手术观摩课。

后来，达尔文找到了一架简陋的显微镜，开始了他的科学研究工作。17岁的少年，在没有人指导的情况下进行科研工作，居然也取得了一些小小的成就。他在一种原来被认为是植物体的微小生物里看到了动物的构造特征。他证明了这是一种很小很小的蠕虫的卵衣。他还证明了以前被认为是一种动物的卵的东西，其实就是这种动物的幼虫。他将自己的发现写成了两篇论文。

这虽然是一些微不足道的发现，但是达尔文科学研究工作的起点。从这里开始，他就要一步一步地向科学的高峰攀登。

这是达尔文永远难忘的日子，他就要在普林尼学会上宣读自己的第一篇论文了。在爱丁堡大学的一个地下室里，挤满了来自各个系的大学生。年轻的主席摇了摇铃儿，会场上渐渐肃静下来。主席庄严地宣布：“普林尼学会例会开始，谁要发言？”

达尔文正想举手要求发言，一位贫苦的青年已经抢先站起来。他环视了一下黑压压的人群，紧张得说不出话来。他结结巴巴地咕哝了一阵，脸涨得通红。人们望着不知所措的他，期待着他的发言。终于，他说话了：“主席先生，我忘记我要说什么了。”

全场哄堂大笑。主席拼命地摇着铃儿，要大家安静。待笑声渐渐小下去以后，主席问：“还有谁要发言？”

达尔文已经被刚才那一幕吓呆了。他的朋友葛兰特推了推他，他迟疑地站了起来。他觉得全场的目光都集中到了自己身上，心里直发毛。他镇定了一下，摸出论文稿子来。管他呢！他心一横，照着稿子念起来。由于他的论文条理分明、论据充分，再加上他口齿清晰，论文一念完，会场上就爆发出一阵热烈的掌声。

就这样，达尔文沉浸在自己的爱好中，把学校的课程抛在了脑后。达尔文不上课，不参加考试，还和从前一样游手好闲，不务正业，这个消息传到了老达尔文医生那里。在老达尔文医生看来，这个儿子可谓劣迹斑斑，要想在医学上有所发展是不可能了，姐姐们也了解弟弟，劝爸爸重新考虑达尔文的前途。

老达尔文觉得儿子已经不可救药，就说：“你去剑桥大学学神学吧，将来做牧师。”

达尔文生怕老父亲气坏了身体，可又不愿意让步，就说：“我去征求一下舅舅的意见，看他说什么。”

达尔文见到了舅舅，把在爸爸那里受到的“委屈”讲给舅舅听。

达尔文说：“我真的不能继续学习医学了，可我对神学也不感兴趣，为什么爸爸就不让我去学自己喜欢的专业呢？”

舅舅说：“不要怪你爸爸，你爸爸不认为你是在学习，他是在为你的前途着想，是对你负责啊！”

达尔文说：“舅舅，求求你，帮我劝劝爸爸吧，让我去学习神学不也是在白白浪费时间吗？”

舅舅说：“你的这个想法是不对的，学了神学，可以做一名牧师，可以继续探索自己的爱好。哥白尼、布鲁诺、康帕内拉、牛顿不都学过神学并且担任过圣职的吗？神学和科学之间有相通的知识值得你去研究，你可以不把神学看作自己一生奉献的职业，但是你可以从神学走向科学。”

达尔文和舅舅的这次谈话，又一次扭转了他的思想，他决定接受舅舅的建议，服从爸爸的安排，去基督学院学习神学。

剑桥大学的良师益友

文/谢然　向东

1828年1月，达尔文进入剑桥大学基督学院就读。剑桥大学坐落在古朴典雅的剑桥小镇，美丽的康河穿城而过，校舍掩映在花草树木和田园风光之中。达尔文一到剑桥就喜欢上了这个地方。

在这里，达尔文读了一些神学著作，然而却对《圣经》记载的一些神神秘秘的事产生了怀疑。不久，达尔文老毛病又犯了，他厌倦了每日千篇一律的祈祷和神学院枯燥的课程，像在爱丁堡大学的时候一样，他天天跑到野外去，采花、捉虫子、制作动植物标本。

达尔文痴迷上了捕捉甲虫。有一次，在剑桥镇郊外的树林里，他小心地剥开了一块树皮，看到两只罕见的甲虫，就小心翼翼地弯腰过去，两手各捉了一只。这时，一只腹部带有大十字花纹的甲虫爬了过来。“呀，这只大甲虫太罕见了。”他腾不出手捉这只甲虫，又不愿把它放走，于是就把右手里的那只甲虫塞进嘴里，用牙齿轻轻咬住，腾出手来去捉那只罕见的甲虫。可是含在嘴里的甲虫排出了一种极辛辣的液体，达尔文感到舌头一阵发麻，一种难以忍受的味道让他感到非常恶心。达尔文一伸舌头，把嘴里的甲虫吐了出来，左手下意识地一松，这样一来，捉到手的两只都跑了，第三只也没有捉到。达尔文感到非常遗憾。

为了弥补这个遗憾，达尔文往树林里跑得更勤了，很快练就了一手高超的捕捉甲虫的本领，也捕捉到了一些罕见的新品种。

后来，达尔文发现的甲虫物种被甲虫专家斯捷芬斯注意到了。这位甲虫专家把达尔文发现的甲虫物种收录到一本书中，还特意注明：查理·达尔文捕获。达尔文看到后感到说不出的自豪。

达尔文的堂兄也在剑桥读书，和达尔文志趣相投，几乎形影不离。一次，他和达尔文到剑桥大学植物园游览。一进植物园，就看到一位学者正被一群学生围着，好像在给学生们讲述着什么。

“他是谁？”达尔文问。

“植物学教授亨斯罗先生。他在植物学、昆虫学、地质学、矿物学和化学方面很有名望，待人和蔼，喜欢和学生讨论，很有民主科学态度。”堂兄滔滔不绝地介绍着亨斯罗教授。

达尔文很感兴趣，凑到亨斯罗教授身旁。亨斯罗教授温文尔雅，正在绘声绘色地讲解兰花授粉。

他拿着一朵兰花说：“这是兰花的花冠，你们看，它的构造有多么神奇：这片花瓣是唇瓣，昆虫一碰它就闭合，只留下一个小孔，如果飞来的昆虫小，就踏不开唇瓣，进不到花冠中。如果飞来的昆虫大，也不能钻进去。只有蜜蜂的大小与花的构造适当，它才能钻进花冠，采到花蜜，还能全身沾满花粉，穿梭在花朵间进行授粉。太神奇了，上帝竟创造出如此杰作！”亨斯罗啧啧称赞着。

达尔文凑上前去问道：“教授先生，上帝是先造出蜜蜂，再根据蜜蜂的身体大小造出兰花呢，还是先造出兰花，然后根据兰花的结构再造出蜜蜂呢？”

“这，这……”

亨斯罗教授无法回答这个问题，不过他很喜欢这个敢于提出问题的学生。达尔文也很佩服亨斯罗教授实事求是的科学态度，两个人渐渐成了忘年交。达尔文选修了亨斯罗教授的植物学，两个人几乎每天都要在一起散步。在剑桥大学，同学们都戏称达尔文是“和亨斯罗教授散步的人”。

有一次，达尔文和亨斯罗教授一起散步的时候，走到了一片湿地里，达尔文看到一束花粉管，以为是新物种，就采摘下来，兴冲冲地交给亨斯罗教授看。

亨斯罗教授看了一眼，知道是一种平常的植物，不过为了维护达尔文的自尊心，就微笑着说：“是的，很有趣。”然后他耐心地讲道：“花粉管的出现使植物不再依靠水作为媒介使雌雄结合，这是种子植物的特征。”

达尔文一下子明白了，博物学也是一门严密的科学，自己还有很多需要学习的地方。

教授送给达尔文两本书，一本是天文学家约翰·赫瑟尔的《自然哲学的初步研究》，另一本是亚历山大·洪保德的《美洲旅行记》。

读这两本书时，达尔文就像跟随作者来到了猛兽出没的原始森林，欣赏着美丽的风景，经历了古怪的事件，发现了许多新问题。这些书为达尔文打开了认识外面世界的一扇窗户，他仿佛来到了特那利费岛火山，看见了许多种类的热带植物，欣赏了那里的芭蕉和棕榈，那里有清新的空气，数不清的动植物；那里没有奴隶制度，没有剥削和压迫，是世外桃源，是人间天堂。

此刻的达尔文是快乐的，他在睡梦中看到自己生活在一个树木参天的地方：百鸟在枝头歌唱，昆虫在草丛里嬉戏，大雁在头顶低回，河里的鱼儿跳跃着，美丽的爱玛穿着一件美洲虎皮做的新衣服，篝火映红了她的脸庞，他们幸福地依偎在一起，说着亲昵的话语。

从梦中醒来，达尔文给爱玛写信：

“刚刚读完对我产生重大影响的两本书，这两本书激起了我强烈的愿望：请你将来陪我去天涯海角旅行，共同享受生命的喜悦，共同走完人生之旅！”

读完这两本书后，在亨斯罗教授家里每周举行的聚会上，达尔文提出的问题越来越尖锐，越来越让人无法解答。

有一天，教授在解答完达尔文提出的问题后说：“我从来就没有看见过像达尔文这样的学生，达尔文身上的某种特点，是许多同龄人不可比拟的。”

达尔文说：“谢谢教授的夸奖，能和你们结识交往是我最大的幸福，我将用自己菲薄的力量为建立自然科学的大厦做一点儿贡献。”

后来，亨斯罗教授把达尔文介绍给了地质学家塞治威克教授，塞治威克教授正在组织一个野外考察小组，达尔文加入了这个考察小组。

造句

第一次地质学考察

文/谢芳群

在剑桥大学的最后一年，著名的亨斯罗教授介绍达尔文阅读地质学书籍。那天他们正散着步，亨斯罗教授说："达尔文，你可以去读一些地质学的书。"

"先生，我在爱丁堡大学上过地质学的课程，我发现这门课程非常无聊。不过也许是因为教授讲授得太枯燥。"达尔文是一个懂得礼貌、考虑比较周全的人。

亨斯罗教授问他："那你对地质学有兴趣吗？"

于是达尔文对他讲了希鲁斯伯里的那块怪石。

亨斯罗教授说："去阅读一些地质学方面的书籍吧，我想你会有兴趣的。"

于是达尔文开始阅读地质学方面的书籍。果然，那些书籍没有让他失望。他返回

希鲁斯伯里的途中，考察了周围的好几个地区的地层断面，并且在地质图上分层涂上不同的颜色。

在这一年里，达尔文还读了洪保德的《游记》和约翰·赫歇耳的《自然哲学的初步研究》。这两本书激起了达尔文强烈的渴望，他希望自己能在建筑自然科学的大厦方面，做出自己的一份微薄的贡献。

这一年夏天，塞治威克教授打算到北威尔士去，继续进行他的关于古代岩石的著名地质学研究工作。亨斯罗教授请他准许达尔文跟随他一起去，他很爽快地答应了。

亨斯罗教授和塞治威克教授是志同道合的好朋友。1819年，他们共同创立了剑桥大学科学研究会。爱好科学的教授和学生经常在一起讨论研究自己的科学问题，在他们的努力下，现在植物学和地质学的许多课程也成为上流社会子弟学业的一部分了。

这次地质考察是这样安排的，塞治威克教授首先来到蒙特山庄，第一晚住在达尔文的家里。第二天再出发。

达尔文和教授两个人在蒙特山庄的花园里散步。花园的围墙是一些多年生的草本植物，墙上爬着开花的藤蔓植物，花朵五颜六色，有深赭色、淡黄色、绯红色，散发着浓郁的芳香。花园里的大部分花坛里种的都是三色紫罗兰，还有一小片一小片蓝色的半边莲、金鱼草和色彩缤纷的石竹。稍往前走，蓝色的飞燕草长到了一米多高，后面是高达一百五十多厘米的蜀葵，仿佛是站岗的哨兵。玫瑰园是单独分开的，支架上缠着攀缘蔷薇，下面长满高矮不一的各种玫瑰。

“啊，鲜花对于英国人，就像鲸油对于爱斯基摩人一样重要，”教授感叹道，“夏天过得不错吧？”

“整个7月我都在拼命地攻读地质学。亨斯罗先生建议我绘制一张希罗普郡的地形图，作为入门的练习。这可不像我想的那么容易。我画了几个小区的分色略图，自己觉得还算精确，但我对俯角和走向还是不太有把握。”

“画完了我来看看。只要你随身带上地质锤，坚持在山里敲打岩石样品，用不了两年你就会成为一名合格的地质学者了。”教授说。

“教授，您为什么会成为地质学者呢？”

“你能想象到发现一条深埋在泥灰板岩里的完整鱼化石会引起你多大的激动吗？还有，调查和研究岩石会引起多大的激动吗？譬如说，按照沉降次序去发现红泥灰岩及石膏、红砂岩、薄层石灰石、下层红泥灰岩石膏……这每一岩层是怎样沉积在那里的？每一岩层的年代有多久？上帝利用什么样的化学化合物才创造出所有这些不同的矿物？搞地质的人时时刻刻都存在着对上帝的敬仰和畏惧。我认为我自己就是一个拿地质锤的骑士！”教授说起地质学来很激动，达尔文不由得也被教授的情绪感染了。

第二天，两个人动身，到郎国伦、罗辛、康卫、班戈尔和卡彼尔罕立格等山区村镇去。塞治威克教授让达尔文沿着一条平行于他亲自走过的路线的山路前进，指导他怎样采集岩石的样品，并且在地图上标出岩石的层理。

46岁的塞治威克教授是个穿着非常时髦的人，他即使在荒僻的山区做地质考察时，也还戴着一顶白色高礼帽，穿着一件剪裁入时的长大衣。剑桥大学的学生都说：“他戴那顶白色高礼帽是为了防止猎人把他当成雄鹿，一枪打中他的眉心。”

达尔文看着塞治威克教授不禁微微笑着，他问道：“教授，有没有猎人把你当成过雄鹿？”

“哈哈，一定有人对你说过什么吧？”塞治威克教授说，“仪表是一个人除了学识以外最重要的东西啦。”

山间四处长满了大自然慷慨赠予的青草，从不需要人们的照顾，小草自己就长出来了，而且长得那么好。

教授说：“在这一座座美丽的、波浪起伏的小山峰里蕴藏着某种力量，它们能使人忘了心中的痛苦。”

达尔文站在英格兰景色壮丽、连绵起伏的坡地上凝视着大地：“绿色是所有颜色中最宁静、最令人赏心悦目的颜色。您觉得我们能分辨出多少种浓淡不同的绿色来？”

“有一次我数了一百多种，后来就没有再往下数。你说得对，绿色能解开生活中的愁结。”教授激动地说，“啊，我一有机会就去攀登世界上的高山。总有一天我会爬遍所有的高山！”

“带上你的标本包，达尔文。穿过一小片地区去鉴别一下岩层，真是太容易了。我们的任务是鉴定整个地区，翻山越岭去追寻我们的眼睛所能看见的每一个地层。要成为一名熟练的地质观察者，就必须有了解地质环境各方面特征的能力。”教授的话里充满了热情。

“拿出你的笔记本。我们需要准确地观察和记录数字。记住，一定要写明岩石上的植被，它能向你揭示在它下面的地层性质。一定要给标本编上号，记在本子上。你得写下明确的提示，这样，在晚上你就能对你的发现写出详细的记载，并画出精确的地图，不要靠脑子去记。”

无疑这次考察旅行对达尔文有很大的益处，它教会了达尔文很多方法，怎样去搞清一个地区的地质状况。

日子一天天过去，达尔文的皮背囊里渐渐装满了各种岩石的样品。

在卡彼尔罕立格，达尔文和教授分别了。教授要去核对亨斯罗教授绘制的几幅地图，他驾着马车离开了。临走前，塞治威克教授对达尔文说：“别忘了睡觉前一定要写完一天的笔记。”他又说：“我很高兴这次带你同行。说真的，你一直很有耐心。不过，反过来说，我希望我也教了你关于地质学的许多知识。”

达尔文独自用罗盘和地图确定方向，朝着巴尔默思，按照直线方向翻山越岭前进。一路上他都不走山区现成的小径，只有几段恰好相合的除外。因此，达尔文走了很多人迹全无的荒僻的地方。达尔文对这种旅游方法感到乐趣无穷。他到巴尔默思去看了几个剑桥大学的朋友，然后又回到希鲁斯伯里，接着又到美尔堂去打猎。当时，达尔文还认为要是为了研究地质学或者其他的学科，而放弃最初几天猎取沙鸡的机会，那自己真是个疯子了。

在剑桥大学求学的三年里，每到秋季他都跟往年一样，去华脱好斯存和美尔堂去打猎。对达尔文来说，这也许是他一生中最幸福、快乐的日子，年轻力壮，身体健康，朝气蓬勃，兴趣盎然。

老太太看比赛

一位老太太看完黑人百米赛跑后，抹着眼泪说：“吓死人啊！几个挖煤的跪成一排被枪毙，没瞄准就开了枪，娃儿们吓得那个跑呀，绳子都拦不住哇！”

最好的“说客”

文/周　敏

1831年，达尔文通过了剑桥大学的毕业考试，可按校方规定，他必须再过两个学期才能获得神学士学位。这段时间，达尔文选学了植物课和地质学课。

在地质学课上，塞治威克教授讲课时说到这样一件事情：“一个地质工人在搞勘探时，掀开冰河时期的表面地层，竟在一个沙坑里找到了古生热带贝壳。”

达尔文站起来说：“如果教授你讲的事情是真的，那么将是地质学真正的悲哀，因为这推翻了人们以往的认识。”

达尔文的话让教授惊喜，因为能说出这样的话的人一定是读了不少书，才能认识到科学是由许多有规律的事实构成的。

课堂上的这次表现，为达尔文获得了一次野外“考察”的机会。1831年夏天，达尔文和塞治威克教授一起去北威尔士进行地质考察，他们从剑桥出发，沿途经过塞文河和坎布连山区。

塞治威克教授是一位优秀的野外考察家，为了测试达尔文的胆量和工作能力，教授让他离开考察队，凭着指南针和地图，独立走过斯诺卡地区，在巴茅茨会合。这次体验为达尔文以后的考察工作奠定了基础。

在塞治威克教授的指导下，达尔文学会了采集岩石标本，标出岩石标本的层理，学会了分析地质情况。

考察回来，姐姐告诉达尔文，爸爸已经和利奇菲尔德大主教联系好了，计划在下个复活节授予达尔文教堂副主祭的职务。

学习神学还能勉强接受，而对爸爸此时的这个安排，达尔文是绝对不能接受的，他决定面见爸爸。

1831年8月23日，达尔文回到家里，亨斯罗教授的信已早他两天寄到了。

亨斯罗教授在信中说，海军部想找一位博物学家随同英国军舰去考察，他认为达尔文是最合适的人选……

本来达尔文有许多话要跟爸爸说，读了亨斯罗教授的信，达尔文什么也不想说了，他拿着教授的信，站在爸爸面前。

爸爸说：“学校寄来的成绩单让我很满意。”

达尔文说：“爸爸，那成绩是为了应付考试取得的，其实我的兴趣不在神学上。”

爸爸说：“你已经22岁了，天性善良忠厚，牧师是你最好的职业。”

达尔文把亨斯罗教授的信交给了爸爸。

看过信后，爸爸很不高兴地说：“我不管这位教授如何赏识你的才华，你是我的儿子，我坚决反对你去做这份冒险的工作……”

爸爸越说越激动，达尔文与他说什么他也听不进去，达尔文流着泪跪在爸爸面前。

爸爸说：“我是不会动摇的，除非让一个头脑清醒的人讲出你去的理由，否则我是不会同意的。”

爸爸的火气太大了，可达尔文还是从他的话里看到了一线希望。他一面给亨斯罗教授写信联系远航的事，一面寻思究竟去哪儿才能找到一个“说客”。

达尔文陷入了痛苦之中，朦朦胧胧地感觉爱玛来到了他的身边，帮他轻轻拭去眼角的泪滴。

“好爱玛，快帮我想想办法，在爸爸心里，谁有威信呢？这个最好的‘说客’在哪里呢？”

想起爱玛，也就想起了舅舅，对呀，舅舅是最爱自己的人之一，为什么不去问问舅舅呢？

来到梅庄，达尔文向舅舅表达了自己渴求知识、热爱科学的愿望，舅舅决定亲自去希鲁斯伯里做他爸爸的工作。

舅舅连夜写了一封信，吩咐仆人先送到达尔文的爸爸那里。信里，舅舅回忆了达尔文的妈妈生前的情景，明确表达了如果妹妹活着的话，一定会为儿子能去参加英国军舰的航海而高兴。信尾，还郑重提到了妹妹的临终遗言……

读完这封信后，老达尔文彻夜难眠，想了很多，他想起了逝世多年的妻子，想起了失去母爱后的达尔文成长的一幕幕……

当达尔文和舅舅驾着马车回来时，达尔文的爸爸已判若两人，他问达尔文：“这次你出去航海要用很多钱吧？”

达尔文说：“在海上有足够的食物就可以了，我会节省每一分钱的。”

爸爸说：“傻孩子，我可以为你航海提供充足的费用。”

达尔文又一次激动地跪在爸爸面前。

爸爸扶起他说：“你妈妈临终前对我说你很聪明，要我对你严格要求……”

说到妈妈，达尔文又一次流泪了，如果妈妈现在还活着该有多好啊！

达尔文一遍遍说着感谢舅舅的话，舅舅却说：“这次的‘说客’不是我，你妈妈才是真正的‘说客’！”

“妈妈——妈妈”，达尔文站在妈妈墓前深情地喊着，他要告诉妈妈，自己就要去远方航行了，他就要成为一名真正的科学工作者了！

叫　虫

文/肖　寒

达尔文在一位隐居乡间的故友家做客。友人的两个孩子蓄意趁机逗弄一下这位显赫的科学家。他们捕捉了一只蝴蝶、一只蚱蜢、一只甲虫、一条蜈蚣，取下蜈蚣的躯体，撕下蝴蝶的翅翼，拔下蚱蜢的大腿，摘下甲虫的脑袋，小心翼翼地拼凑起来，黏合成一只奇形怪状、肢体异样的小昆虫。然后他们把它放在匣子里，带到达尔文的跟前。

“我们在地里捉到了这只昆虫。达尔文先生，您能否告诉我们，它属于哪一种类型？”

达尔文看了一下，随后又向孩子们瞟了一眼，微笑着说：“孩子们，你们留意了没有，在捕捉的时候，它会不会叫？”

“会叫的。”他们回答，彼此用臂膀打着暗语。

“既然是这样，”达尔文说，“那是一只‘叫’虫。”

玩劣少年浪子回头

文/佚　名

1859年达尔文发表了惊世骇俗的《物种起源》一书，开创和完善了生物进化理论，从而改变了人类科学的整个进程，对人类文明的发展做出了重要贡献。

“爱心的重要支点就是理解孩子。”这是举世闻名的生物学家达尔文的父亲最著名的教子格言。达尔文父亲的这句话造就了伟大的达尔文。

达尔文出生在英国希鲁斯伯里一个高级知识分子家庭，祖父是英国著名的博物学家和医学家，父亲是知名学府爱丁堡大学医学院的毕业生，是当地著名的医学博士，很有名望。

父亲渴望达尔文好好学习，当一名优秀的医生。可是达尔文从小就不是一个人见人爱的乖孩子，而是一个调皮捣蛋、人人见了都头疼的小家伙。他整天在外面撒野，要么跑到森林深处的池塘里抓蝌蚪，要么坐在小河边望着钓鱼的人们痴痴地发呆。

达尔文喜欢喂鸽子，鸽子的屎拉满了院子，有一次竟然拉到了老父亲的头顶。诸如此类的烦恼事情令达尔文的父亲非常恼火，他多次训斥达尔文说：“瞧瞧你整天干了些什么，你除了打鸟、玩狗或者挖地洞、捉老鼠之外，什么也不会干，简直一无是处！”“你成天游手好闲、东游西逛，以后怎么办？你为什么不好好学习，把我的事业继承下来呢？”

父子俩的矛盾越闹越大，简直势同水火，往往一见面就大吵一场。这样下去对谁都没有好处。爱子如命又恨铁不成钢的老达尔文向多年的好友、纺织商人赫德先生求教。

赫德先生知道老达尔文脾气过于倔强，也懒得同他长谈，他从书架上抽出一本法国幻想小说《巨人传》给他看。老达尔文翻开书页一瞧，气得胡子都翘了起来，原来题首的句子竟然是“随心所欲，各行其是”。赫德开导他说：“你不光要用你的手和嘴去教育孩子，最重要的是用你的心去接近孩子，谛听孩子灵魂深处的声音。我的老朋友，请忘掉你的年龄，同孩子交朋友吧。”

已经被孩子弄得心力交瘁和焦头烂额的老达尔文恍然大悟，接受了老朋友的建议，决定彻底改变思路，同孩子好好交一次朋友。可是，当老达尔文希望辅导孩子的功课或者孩子朗诵《格林童话》的时候，孩子却一溜烟儿跑得无影无踪，竟然逃到屋檐底下掏麻雀蛋去了。这种无法无天的情景气得老达尔文手一甩把《格林童话》扔出了窗外。

老达尔文又一次硬着头皮去找赫德先生。

望着老达尔文满脸恼怒的模样，赫德又开导说：“我们是做生意的，依照我们的规矩，只有倒霉的人，没有倒霉的货。教孩子也一样呀！没有糟糕的父母。朋友，喂一只小狗小猫都得有长期的耐心呢，何况是培养一个活蹦乱跳的孩子？所以为人父母之道，一是有耐心，二是有灵感，你好好想一想吧，凭你的爱心找到孩子的兴趣，然后你才可能激发灵感。”

老达尔文茅塞顿开，他辞去了学校董事、医学公会秘书等待遇优厚的兼职工作，腾出大量时间，同孩子待在一起。孩子喜欢动物，老达尔文就带孩子上爱丁堡动物园游

览；孩子喜欢野外生活，老达尔文就带着孩子到森林里野营，到河里捕鱼，甚至还同孩子一起兴致勃勃地养起了小动物。这种努力显然没有白费，孩子对父亲的抗拒心理和逆反心理逐渐被淡化、消融了，达尔文开始把父亲当成最可信赖的朋友。孩子的心情一天一天开朗，成绩也一天一天好了起来。

1825年，达尔文顺利完成了中学学业，并且听从父亲的忠告，子承父业，来到爱丁堡大学医学院学习。这是老达尔文一生最值得荣耀的胜利之一，他在快步走向成功。

达尔文的天赋极不适合学医，他一看到病人流血就恶心呕吐，也特别畏惧解剖尸体，而解剖学是医学最起码的专业知识。他把自己的苦恼坦诚地告诉父亲以后，痛心疾首的父亲彻夜难眠，最后眼睛红红地告诉儿子说："孩子，走你自己的路吧，我尊重你的选择。"老父亲以牺牲祖业为代价的开明感动了达尔文，他又一次听从了父亲的忠告，报考了剑桥大学神学院。老父亲的理由极其简单：孩子读书是为了谋职，而神学院的学生特别容易找到工作，尤其是剑桥一类的名牌大学学生。

达尔文在神学院的学业同样不优秀，他的兴趣特别广泛，先是迷上了打猎，后来又迷上了地质学和植物学，并且经常逃学去听植物学教授亨斯罗的课程和地质学教授塞治威克的课程，以致他本人也承认说："在剑桥的三年是完全浪费了。"老父亲尽管对此特别恼火，但也对孩子的兴趣表示理解。

1831年8月，英国海军"贝格尔"号授命前往南美进行科学考察，主要任务是测量和绘制美洲海洋的水文地质海图。当时船上招聘一名博物学家，地质学教授亨斯罗得知这个消息以后，认为是一桩广开眼界的美差，立刻向海军部推荐了自己的得意门生达尔文，并且获得了海军部的批准。可是，老父亲根本就不同意孩子放弃牧师职业而去干不务正业的事情，然而达尔文却像朋友一样推心置腹地对父亲说："我的志向是探求大自然的秘密，我喜欢搏击风雨飘摇的人生，在同大自然的亲近中，我将找到终身的幸福。"父亲再一次违背自己的意愿投了儿子的赞成票，并且说："我不同意你的职业，但是我愿意尊重你的选择。"同时父亲还拿出自己的行囊，亲自替孩子收拾行李。

在后来长达5年的探险生涯中，达尔文考察了美洲数以万计的动物和植物，并且收集了17，000多种标本。他发现所有的物种都随着地域的变化而变化，并且表现出明显的规律性，有亲缘关系的物种总是分布在邻近的领域；而地域距离越远，物种的差异也就越大，这也许就是人们常说的"一方水土养一方生灵"。1859年，达尔文终于写出划时代的科学巨著《物种起源》，提出物种的发展过程就是自然选择的过程，也是物种为了生存而适应自然的过程，只有在生存竞争中拥有适应能力的物种才得以保存下来。这个规律就是我们常说的"物竞天择，优胜劣汰"。

不幸的是，当达尔文完成了自己一生的伟业《物种起源》的时候，呵护他、亲近他并给了他一生最大激励和鼓舞的父亲却早已作古。然而，老父亲对儿子人生选择的尊重和理解成就了儿子一生的伟业。1865年，达尔文获得皇家科普利奖的时候，他所做的第一件事就是伏在父亲坟头上号啕大哭，因为他所感谢和永远怀念的第一任导师和朋友，正是他可敬可爱的慈祥父亲！

关于达尔文，你可能不知道的9件事

文/佚名

1.达尔文和亚伯拉罕·林肯出生在同一天。孩童时代，人们亲切地称达尔文为查理或者博比。少年时期，他的绰号的意思是“气体”，别人之所以会给他取这样一个奇怪的名字，是因为他喜欢做化学实验。

2.达尔文喜欢收集，尤其喜欢收集甲虫。据说在大学期间，由于他花在虫子上的精力比花在女朋友身上的精力更多，因此失去了一位女朋友。

3. 按照最初预计，英国皇家海军“贝格尔”号探索航行将持续两年时间，但最后它却持续了将近5年。最初“贝格尔”号的船长达尔文·罗伯特·菲茨罗伊雇用达尔文的目的，是让他与自己共事，而不是成为该船上的一名博物学家。

船上的住处比较少，达尔文只得与其他两个人共用一间船舱。这间船舱仅有110平方英尺（约合10.219平方米），而且它的一部分空间被一根桅杆占去了。

4. 在“贝格尔”号航行过程中，达尔文写下368页动物学笔记、1383页地质学笔记和一本77页的日记。他还收集了1529个保存在酒精里的标本，以及3907个干标本。

5. 在1834年达尔文25岁生日时，费兹罗伊按照他的名字给一座大山命名。达尔文山（Mount Darwin）是火地岛上的最高峰，高达8163英尺（约合2488米）。在南极洲、塔斯马尼亚岛和加利福尼亚州也有以达尔文的名字命名的山。

6.在“贝格尔”号航行过程中，达尔文吃过美洲狮肉、鬣蜥肉、巨龟肉、犰狳肉和刺豚鼠肉。据达尔文说，刺豚鼠肉是他品尝过的“最美味的大型啮齿动物肉”。

达尔文在南美最南部的巴塔哥尼亚的时候，吃过美洲鸵（一种像鸵鸟的鸟类）。然而具有讽刺意味的是，其实他一直在寻找这种生物。当他发现自己吃的到底是什么东西的时候，他急忙停下来，并将没吃完的部分送往伦敦动物学会。该学会最后宣布，这是一种新物种，并将之命名为Rhea darwinii。

7.1839年，29岁的达尔文与他的表妹艾玛·韦奇伍德结婚。达尔文在写结婚的利弊时，最终确定拥有一个老婆当然比没有好。达尔文和韦奇伍德婚后一起生活了43年，他们一共生育了10个孩子。

8.达尔文喜欢音乐，但是他却是一个乐盲。结婚后，他每天夜晚都要抽出半个小时听艾玛弹钢琴。艾玛曾向肖邦拜师学艺。而且艾玛每天还给达尔文读两次小说。他非常喜欢简·奥斯丁和查尔斯·狄更斯的作品，尤其喜欢喜剧结局。达尔文和艾玛每天还玩两次西洋双陆棋。达尔文保留了大约40年的累积积分。艾玛总是在游戏中获胜。

9.在“贝格尔”号航行之后，达尔文再也没离开位于英格兰肯特的家，到外面旅行。因为从那以后，他一直受到健康状况不佳和莫名其妙的疾病折磨。他的症状包括头痛、心悸、疼痛、呕吐和眩晕，每次病情发作，他都得在床上躺几个月。达尔文利用很多医生提供的传统治疗方法和一些偏方治病。他非常相信沐浴疗法，但是结果证明，这种方法对他的病没有任何效果。

初遇火地岛土著人

文/佚　名

1831年12月25日。英国的普利茅斯港，港口上停泊着许多各式各样的船舰。在众多的船舰中，有一艘刚刚油漆过的小军舰，十分引人注目。这就是达尔文即将乘坐出海远航的“贝格尔”号军舰。“贝格尔”号是一艘排水量242吨的木船式军舰，船身由优质的桃花心木做成。它有三个桅杆、六门大炮和六只供登陆用的小船。全舰共有船员62人。

现在，军舰上即将迎来第63名船员。由于他的加入，“贝格尔”号军舰的环球探险新添了一项科学考察的内容，并由此催生了一位引起生物科学发生了一场大革命的伟大科学家。船以人名，这位伟大的科学家使“贝格尔”号军舰作为一只科学考察船而永远载入科学的史册。

不过当时这艘军舰上的船员可没想到这一点，他们只是把达尔文当成一个可亲可敬、干着一些莫名其妙的研究工作的伙伴而已。达尔文与副司令苏利文住同一个舱室，苏利文邀请达尔文到普利茅斯城去过圣诞节，度过临行前在祖国的最后一个夜晚。

达尔文和苏利文一起走进一个酒吧。在酒吧的一个角落里，传来一阵阵优美的小提琴声。伴着琴声，响起了一阵响亮的男人的歌声，中间还夹杂着一个女人欢快的笑声。英俊潇洒的苏利文少尉，碰了碰达尔文，说：“走，到那边儿瞧瞧，那些弹琴、唱歌的人都是咱们军舰上的宝贝。”

琴声和歌声忽然停了下来，四个人“刷”地从角落里站起身来。那个拉提琴的高声喊道：“副司令！达尔文老爷！请屈尊到我们这儿来喝上一杯。”

达尔文很快认出了他，这个拉琴的是他们船尾舱的侍者科恩，一个憨厚、豪放、满脸络腮胡子的大汉。而另外两个男人和一个女人，达尔文还从来没有见过。

两个人入座后，苏利文为达尔文介绍道：“这三个都是南美洲火地岛上的土著人。上一次航行的时候，我们的

船经过火地岛，火地岛上那些不可理喻的野蛮人偷走了舰上的一只捕鲸船。于是舰长下令抓了几个火地岛人作为人质，希望能赎回这只船。后来，舰长把这三个人带回英国，让他们接受了一段时间的教育，使他们懂得了基督教教义，并学会了使用一些复杂的工具。这次舰长计划把他们送回火地岛去，让他们在自己的家乡建立一个传教区。这是一件对大英帝国非常有好处的事情。”

听了苏利文的介绍之后，达尔文对这三个南美火地岛上的印第安土著人产生了十分强烈的兴趣。已经听惯了人种歧视的陈词滥调的达尔文，这时仔细地观察起这三个火地岛人来。坐在科恩旁边的那个土著人，看样子非常温顺。他身穿一套整洁的西装，打着领带，姿势端庄，两只眼睛炯炯有神，头发也梳得十分整齐。科恩向达尔文介绍道：“老爷，这个人的名字叫纽扣，因为他是我们舰长用一颗珍珠纽扣换来的。快喊老爷，纽扣！”

纽扣谦和地一笑，恭敬地用腔调纯正的英语喊了声：“老爷！”

达尔文笑了，问他道：“纽扣，你想家吗？”

纽扣的回答彬彬有礼：“想。我的家里还有母亲、兄弟和叔叔。”

之后，达尔文又扭过头去观察第二个土著人。这是一个看上去十六七岁的小姑娘。她长着一张漂亮的鸭蛋脸，留着一头短发，眉毛淡淡的，眼睛大大的。科恩说：“老爷，她名叫篮子，我们捉住她的时候，她正坐在一只像篮子一样的独木船上。喊老爷呀，篮子！”

篮子白了科恩一眼，很勉强地用不太娴熟的英语喊了声：“老爷！”

达尔文亲切地问篮子：“想家吗，篮子？”

篮子轻轻点了点头。

达尔文的目光又转向第三个土著人。他身材高大，方脸大耳，一头乱蓬蓬的短发，眼睛里流露出一股仇视的凶光。科恩说：“他叫约克，没学会讲英语，也听不懂英语。我说得对吗，约克？”

约克挤了挤眼睛，从鼻孔里发出一阵不情愿的哼哼声。

达尔文转过身，和纽扣聊了起来。

达尔文忽然产生一个想法，当“贝格尔”号舰到达火地岛的时候，他一定要花时间把这些火地岛土著人好好研究一番。

“贝格尔”号扬帆起航

文/李　东

“贝格尔”号是一艘英国皇家军舰，这次受英国女王的派遣，去南美海域绘制航线图，并考察和测量火地岛的南岸，对南海各岛屿进行探访。此次远航由罗伯特·菲茨罗伊担任舰长。

罗伯特·菲茨罗伊舰长是一个严厉的人，对随同考察的每一个成员的要求都非常苛刻，这样的一个人，能允许达尔文登上“贝格尔”号吗？

1831年9月5日，达尔文和菲茨罗伊舰长第一次见面了，深谙相面术的舰长，总是根据人的身材和相貌来判断一个人的性格和能力。

他看了看站在他面前的达尔文，说：“成千上万的年轻人都喜欢盲目地外出探险，其中很多人一去不回。”

达尔文说：“随同您一起去探险，是我向科学迈出的第一步，我自信有能力面对困难，并且深信在探险中得到的快乐要多于忧虑。”

舰长说：“您所说的每一个字都是发自肺腑的吗？我很在意同行的伙伴是否能够长期风雨同舟，如果您不能配合我以后的工作，那么我们还是趁早各奔前程吧。”

达尔文拿出他的考察日记，对舰长说：“我曾有过一次野外考察的经历，深知考察并不是一件容易的事，但从喜欢上这个职业的那一天起，我就已经把自己的生死置之度外了……”

看到达尔文所说的每一句话都那么坦诚，每一个计划都进行过详细的推敲，舰长终于点点头，批准他正式成为“贝格尔”号的一员了。

达尔文被分到紧挨舰长的一个宽敞明亮的船舱里。

接下来是为远航做准备。在一位曾经参加过远航的旅行家的指导下，达尔文开始购物，他花50英镑买了一支非常好的背枪和一箱子弹，花5英镑买了一架望远镜和一个指南针，然后开始学习怎样确定经度和纬度。至于其他需要携带的物品，由爱玛为他准备。

1831年12月24日，达尔文再一次来到梅庄，爱玛依然用优美的琴声默默地为他祝福。爱玛已经23岁了，出落得亭亭玉立。达尔文多想拉着她的手，跪下来向她求婚啊！可是一想到即将开始的远航，他又不得不忍住了，他不能让爱玛在漫长的等待中受尽煎熬。

在爱玛充满深情的凝视中，达尔文读到了好多东西，他说：“我现在还不能挣钱养活自己，更不能给你一份承诺，但是你能给我两年时间吗？”爱玛使劲儿点点头，他们的爱已经扎根在彼此的内心深处，不需要其他任何的海誓山盟了！

1831年12月27日，在亲友们的祝福声中，“贝格尔”号扬帆起航了，达尔文的远航梦终于在这一天变成了现实！

“再见了，亲人们，没有我在身边的日子，愿你们幸福平安！再见了，爸爸，谢谢您对我的支持，我一定会为达尔文家族争光添彩的，我会节约每一分钱，期待完成这次考察工作之后能与您一同分享成功的喜悦！再见了，舅舅，感谢您对我的关爱，我多想叫您一声‘爸爸’啊！相信那一天很快就会到来！再见了，爱玛，你的琴声已深深印刻在我的脑海里，你将与我心心相印，有你的思念陪伴，我就是世界上最幸福的人！”

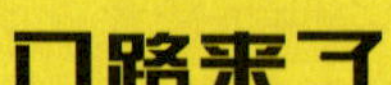

黄先生热爱革命，为纪念红军，给儿子取名为“军”。一天送儿子上课，见公交8路进站，于是冲儿子大喊：“黄军快跑，八路来了！”

爬桅杆收集标本

文/佚　名

1831年12月27日，“贝格尔”号军舰扬帆起航！达尔文的环球航行正式开始了。

“贝格尔”号军舰行驶在波涛汹涌的大海上，起起伏伏，似乎随时都有可能被滔天的巨浪所吞没。

“我们遇到大风暴了。”坐在办公桌前的斯托克斯告诉达尔文说。他抓住吊床，帮达尔文下到床下。达尔文以前从未经历过如此惊险的场面，海面上狂风怒号，惊涛骇浪一排排汹涌而来，“贝格尔”号如同大海上的一片树叶，不断被托起又抛下。

海水扑到了甲板上，菲茨罗伊船长沉着地指挥船员排水。达尔文也想上去帮忙，忽然一阵难以抑制的恶心感涌了上来，他猛烈地呕吐起来。斯托克斯走过去扶住了达尔文：“别担心，你只是晕船而已，忍住！”

达尔文踉踉跄跄地回到船舱，一头倒在床上，那种五脏六腑都翻腾起来的感觉实在是太痛苦了，他像个死人一样躺在那里，任由军舰在风浪中颠簸。

这一天，达尔文什么都没有吃。

第三天，风终于停了，可达尔文的晕船反应却仍在继续。他胃里的东西已经都吐出来了，甚至连胃液都吐得一干二净。此后一

连好几天，达尔文一直都没有吃东西，每天只是半死不活地躺在吊床上发呆。

菲茨罗伊船长知道这种情况后，邀请达尔文到船长室的沙发上聊天，想使他转移一下注意力。他安慰达尔文说：“晕船是一种不治而愈的小毛病，我相信你一定能挺过去的。”

“我能，船长。”达尔文回答说。

“好几天没吃东西了吧，你可得多吃点儿东西。”

“是的，船长。”忍受着晕船的痛苦，达尔文挣扎着回到了自己的舱位。

“贝格尔”号继续向前航行，眨眼间一周过去了，达尔文的晕船症状还在持续。达尔文每天都忍受着常人难以想象的痛苦。斯托克斯安慰他说：“我第一次航海时也是这样，有些人的晕船反应十分厉害，就像醉汉一样。”

“我现在身子就像是散了架似的，我是不是快要死了？这次航海对我意义非常大，我不想带着遗憾走进坟墓。”

“绝不会的，你好好休息吧，很快就会好起来的。同伴们可都在关心着你呢，千万别让我们失望！”

达尔文默默地闭上了眼睛，他在暗暗给自己鼓劲儿：“坚持住，一定要挺过去。”

这一天，达尔文正在半睡半醒之际，一个水手跑进船舱说道：“达尔文先生，您能到甲板上来一下吗？

“怎么啦？”达尔文挣扎着坐了起来。

“当心点儿。”斯托克斯急忙去搀扶达尔文。

达尔文脸色苍白，头发蓬乱，晃晃悠悠地来到甲板上。甲板上，几个水手正围着菲茨罗伊船长，在认真地察看着什么东西。

“你能站起来实在是太好了，达尔文先生，听说你已经好几天没有吃东西了。”菲茨罗伊船长关切地问。

“谢谢你送来的食物，虽然我吃不下去。这里发生了什么事？”达尔文问。

“你来自己看吧。”菲茨罗伊船长指了指甲板上的一小撮灰土。

达尔文蹲下身子，把那一小撮灰土拿到手心里，拨弄着看了好一会儿，然后站起身来对菲茨罗伊船长说：“这是火山灰，可惜太少了。”

斯托克斯指着桅杆说道：“这是我早晨爬上去时从船帆上收集到的，你看，上边还

有很多呢！”

“你能不能爬上去，再取下来一些？”

“不行，我可不会让我的军官冒这么大的风险，还有很多更重要的任务在等待着他们去完成呢。”菲茨罗伊船长首先阻止道。

“那我自己去。”达尔文不知从哪里来的力气，他攀住桅杆，开始艰难地向上爬，根本不像晕船的病人。

“快跟上他。”菲茨罗伊船长来不及阻止达尔文，只好让斯托克斯也跟着往上爬。他们终于顺利地收集到了火山灰。达尔文宝贝似的捧着这些火山灰走进了船舱，出于好奇，菲茨罗伊船长也跟了进来。

达尔文把火山灰放在显微镜下仔细观察一番后，脸上露出了兴奋的笑容。

“你看到什么了？”菲茨罗伊船长问。

“里面有好多的小虫子。”

菲茨罗伊船长急忙凑到显微镜前，瞪大眼睛观看着：“真的呀，有好多小虫子，还在不停地蠕动呢。”紧接着斯托克斯也好奇地在显微镜下察看。菲茨罗伊船长佩服地看着达尔文说：“真是太神奇了，怪不得你甘愿冒这么大的风险，爬上桅杆去收集它们呢。这是从哪里吹来的？”

达尔文领着菲茨罗伊船长走出去，察看了一下风向，说：“这是从南美洲吹来的，这些小虫子也随风而来，真是太神奇了。”

“这就是神的意志，上帝呀！”菲茨罗伊船长虔诚地在胸前画着十字说，“一切都是上帝的安排，他创造万物，想把谁吹到哪里就吹到哪里。”

达尔文没有回答他，他不同意菲茨罗伊船长把一切自然现象都归结为上帝的安排和神的意志，可是，现在他又没有令人可以信服的证据对此做出解释。

经过这件事之后，菲茨罗伊船长彻底改变了对达尔文的看法，他对达尔文说：“你的工作很多，采集矿石、标本，还要整理分类，就让水手科恩来做你的助手吧。”

“船长想得真是周到，可我怎么好意思麻烦科恩先生呢，还是自己来吧。”

菲茨罗伊船长没跟他啰嗦，立刻叫来了水手科恩。

“您好，达尔文先生。”科恩对达尔文印象很好，愿意在达尔文的手下工作。达尔文很快教会了他怎样制作动植物标本，以及怎样保管、整理标本，在整个环球考察期间，他帮了达尔文很多的忙，在很大程度上节省了达尔文的时间。

自从发现神奇的火山灰以后，达尔文的晕船反应竟然奇迹般地好了。他来到甲板上和菲茨罗伊船长聊天，吃茶点，精神渐渐恢复了。一天，达尔文胃口大开，吃了牛肉、苹果干，还喝了一大盆汤。一旁的菲茨罗伊船长看到之后，非常欣慰，他对达尔文说出了自己的真心话：“那几天我真的很为你担心，一个航海的人如果不能吃东西，恐怕我们所能做的只有为你举行海葬了。”

达尔文听了之后哈哈大笑，说：“菲茨罗伊船长，你尽管放心，达尔文家族出来的人都是坚强的。还有那么多事情在等着我去做，我是不会轻易倒下的。”

“好样的！”菲茨罗伊船长赞赏地拉着达尔文的手说。

就这样，达尔文终于凭着顽强的意志战胜了晕船反应，渡过了难关。

意外的收获

某口吃者监考，发现一学生偷看，气急败坏地吼道：“你，你，你，你，你竟敢作弊，给我站起来！”结果有五名学生站了起来。

环球航行第一站

文/谢然　向东

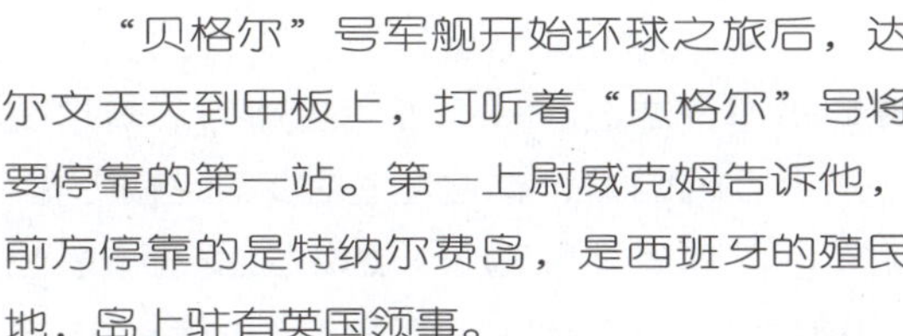

“贝格尔”号军舰开始环球之旅后，达尔文天天到甲板上，打听着“贝格尔”号将要停靠的第一站。第一上尉威克姆告诉他，前方停靠的是特纳尔费岛，是西班牙的殖民地，岛上驻有英国领事。

“贝格尔”号终于抛锚了。达尔文可以清楚地看到岸边的西班牙官员，还有英国领事。菲茨罗伊船长坐着小艇前去交涉。

一会儿工夫，菲茨罗伊船长回来了。

原来，西班牙卫生官员说，因为欧洲正在流行传染病，为了防止传染，所有来自欧洲的人必须在船上隔离三个星期才能靠岸。菲茨罗伊船长再三担保，船上所有人都健康，但西班牙方面不肯让步。

菲茨罗伊船长不愿白白浪费三个星期的时间，决定继续航行。顿时，失望的情绪笼罩了所有人，大家沮丧极了。

接下来，“贝格尔”号航行进入了热带海洋，生物渐渐多了起来。达尔文想要研究一下这些生物。他在水手的帮助下，用毛纺布制作了一个一米深的网兜，上面系上几根绳子，成了一个简易的小网。达尔文在船尾把小网撒开，船一开动，小网就在水里张开，像个小尾巴一样拖在后边。

用这个小网，达尔文捕获了好多美丽罕见的海洋生物。达尔文把网到的东西倒在甲板上，一一进行分类、标号、注明捕获的时间、地点，然后装进自己准备好的装有防腐剂的小瓶子里。他还解剖了一些海洋生物，科恩很有兴趣地跟着打下手。整天忙着做这些工作，达尔文觉得很充实，一点儿不觉得船上生活枯燥。每当捕获了罕见的海洋生物，他总是说：“亨斯罗教授见了一定会大吃一惊的。”

每当这时，好奇的科恩总是追问：“达尔文先生，亨斯罗教授是谁？”

“一位有见识、知识渊博的大学者，我的老师。”达尔文自豪地说。

没想到，达尔文的科研工作惹恼了第一上尉威克姆，他负责船上的卫生，嫌达尔文弄脏了甲板。

一次，他指着甲板上的一大堆海洋生物，气哼哼地对达尔文说：“我要是船长，一定把你这堆垃圾扔到海里去，你瞧，甲板让你弄得太脏了。”

达尔文吓了一跳，下意识地用双臂护住他的那一堆宝物，连说：“不行不行。”看到达尔文这副模样，威克姆上尉大笑起来。

威克姆上尉没再为难他，两个人后来还成了好朋友。威克姆上尉空闲的时候，就观看达尔文制作标本，帮达尔文打扫卫生。

1832年1月16日清晨，达尔文看到了远方一个大岛的影子，斯托克斯告诉达尔文，这是佛得角群岛的最大岛屿圣地亚哥岛。中午时分，“贝格尔”号终于驶进了圣地亚哥

岛的码头。

这是第一次登岸，大家抑制不住内心的喜悦，全都聚到甲板上欢庆，菲茨罗伊船长宣布除值班人员外，全体人员放假，登岸游玩。达尔文迫不及待地跳下甲板上了岸。

经过长期海上漂流，终于踏上了坚实的土地，达尔文兴奋地一路小跑。美丽的热带风光吸引着他。山坡上，长满了棕榈树、芭蕉树，河谷中百花盛开，各种昆虫在花丛间飞舞，他不知疲倦地在岛上穿行着，眼睛不知道该往哪里看才好。

达尔文穿过一片平坦的草地，看到一排奇怪的金合欢树，这些树的树梢都自然地朝一面弯曲，有的弯曲成直角。这是为什么呢？达尔文看着思考着，忽然一阵海风吹来。达尔文恍然大悟：岛上常年朝一个方向吹着海风，这些金合欢树就变成了这般模样。大自然的力量真是神奇呀！达尔文不由得惊叹起来。

一连几个星期，达尔文早出晚归，每天都带回来很多标本，晚上回到船舱连夜把它们分类，一一编号。几天以后，他就把全岛都摸透了，还绘制了圣地亚哥岛的地形图。

一天，达尔文带着科恩，背着口袋，拿着地质锤，走进了一个干涸的河谷。河谷两旁是直立的山崖，有些岩石在风雨日光的长期作用下有点儿风化了。达尔文发现了黑色的火山岩、布满晶体的石灰石，还有一些布满美丽花纹的石头。

“这是化石。”达尔文用放大镜观察着，“里面还有贝壳呢。本来应该出现在海底的，是火山爆发把它们推向了地面。”

“是吗？”一旁的科恩很惊讶。

达尔文站在山崖上，俯视着圣地亚哥岛，仿佛看到，在数百万年前，海底岩浆喷涌而出，海底地壳隆起，一下子把集聚在海底的贝壳、珊瑚融进岩石。“我爱我师，但更爱真理。”在达尔文看来，地层不再是杂乱无章的。达尔文越来越信服赖尔的观点，对亨斯罗教授的灾变论产生了怀疑。

“我要做赖尔的信徒。”达尔文喃喃自语着。

达尔文忘我地工作，赢得了菲茨罗伊船长的好感，他经常找达尔文聊天，约达尔文共同进餐。船员们都笑着称达尔文为“和船长共同进餐的人”。达尔文活得很充实、很快乐，他给远在英国的父亲写信报告考察情况，让家人共同分享自己的快乐。

狼狈的海神仪式

文/佚 名

不久，“贝格尔”号离开圣地亚哥岛，又启程了，海面上飞来一只美丽的大蝴蝶，水手们欣赏着，看着这只蝴蝶翩翩起舞。达尔文看着看着，突然伸出手，用两根手指夹住了蝴蝶，旁边围观的人们大声叫起好来。

“贝格尔”号一天天向南航行，越来越靠近赤道，太阳几乎直射，站在甲板上，留下的身影越来越小，几乎成了一个点。

1832年2月一天上午9点，达尔文和一些同伴突然被关进了一个船舱里，舱门和窗户都紧闭着，大家你看看我、我看看你，面面相觑，不知道发生了什么。

过了一会儿，四名水手进来了，他们脸上涂得五颜六色，头上插着长羽毛，高声宣布他们是海神，来举行穿越赤道的祭海神仪式。接着，他们直接走向达尔文，达尔文来不及反应就被黑布蒙住了双眼，带出了船舱。走到甲板中央，他们摘掉了达尔文头上的黑布。接着，几桶海水朝达尔文头上浇过来。达尔文在船舱里憋了一身汗，顿感一阵清凉，非常舒适。

达尔文以为，玩笑开到这种程度也就差不多了，可没想到，更难堪的事还在后边呢。水手们把他摁倒在一块木板上。他正想挣扎叫喊，脸上、嘴上就被涂上了柏油和染料，一股臭烘烘的气味钻进鼻孔，达尔文紧闭着嘴，以免液体流进嘴里。接着水手们用一个大铁环用力在达尔文脸上刮拭涂上的染料。达尔文感到脸上火辣辣地疼痛，只好忍着。

混乱之中，达尔文又被按进了一个大浴盆。达尔文拼命挣扎着，水手们按住达尔文的头，用力按进水里浸着。他们的手一松，达尔文就赶紧把头抬起来，可立刻又被按下去，这样弄了几次，达尔文头昏脑涨，再也忍受不了了。

这时水手们才把达尔文从浴盆里提出来。看着达尔文失魂落魄的样子，水手们哈哈大笑起来，达尔文很气愤，觉得受到了无礼的捉弄。菲茨罗伊船长也在一旁哈哈大笑，达尔文干生气没办法。其他人也陆续被带到甲板上接受祭海神仪式，他们比达尔文更倒霉，一个个被弄得狼狈不堪。

祭海神仪式结束了，船员们一片欢腾，他们提起水桶见人就泼，甲板上流淌着水，一片狼藉，所有的人都淋得像落汤鸡一样。

从小注重礼仪的达尔文忍受了一次近似海岛原始部落的宗教洗礼。这次经历也提醒他：这次航海，并不是充满了诗情画意的观光旅行，或许以后还会发生更多意想不到的事呢！

神奇巴西的探险之旅

文/佚　名

“贝格尔”号舰穿过佛得角群岛，横渡赤道。穿越赤道的达尔文，接受了可怕的海神的考验，取得了到南半球去的资格。

1832年2月28日，“贝格尔”号军舰抵达南美洲巴西圣萨尔瓦多（巴伊亚）城，开始了在南美洲历时3年多的探险。

自然探索者达尔文，怀着兴奋的心情，背上猎枪，带上标本袋，在科恩的陪同下，踏上了从少年时代起就向往的南美洲土地。

圣萨尔瓦多城位于一个险峻的海岸上，被一片大森林包围着。

达尔文和科恩爬上城头，俯瞰着众圣湾里的大森林。他们匆匆地在城里遛达了一圈后，迫不及待地闯进森林。

多么妙不可言的景色啊！优雅的绿草、珍奇的寄生植物、罕见的花朵、闪光的叶丛……达尔文被大自然的奇景迷得神魂颠倒。他像小孩子一样，不知道先看哪一种好。他正用眼睛追逐一只翩翩飞舞的蝴蝶，可蝴蝶却落在一朵奇异的花上；这朵罕见的

花让达尔文几乎忘了那只花蝴蝶，可很快又爬来一只奇异的热带昆虫；他转而盯住这只昆虫，这只昆虫却落到一个奇异的果子上；就在他想要仔细看一眼这个果子的时候，那只昆虫却离开了他的视线。这次考察，有无数的惊喜，也有无数的遗憾，达尔文把点点滴滴都记录在自己的日记里。

在圣萨尔瓦多城停留了20多天后，“贝格尔”号继续出发了。

4月4日傍晚，“贝格尔”号在巴西最大的海港里约热内卢停泊了，这个海港是世界上著名的深水良港，英国海军在这里设有海军基地，随处可见英国海军的舰艇。按计划，“贝格尔”号打算在这里停留几个月，考察附近海岸的水文情况。达尔文和科恩在市区租了一套三居室的房子，院子里种满了鲜花，推开窗户就可以看到远处的小山。

达尔文非常喜欢这里，他把实验器材都从船上搬过来，办公桌上摆放了显微镜，架子上摆满了标本和各种瓶子，就像一间实验室。

这期间，达尔文和科恩曾经多次穿越热带雨林，奇特壮美的热带雨林风光给达尔文留下了深刻的印象。高大的椰子树树干细得几乎可以用手握住，可树冠却在十几米甚至20多米的高空优雅地摇曳着；棕榈树树枝横插过来和其他树的树枝交叉在一起，遮住了太阳；寄生的藤蔓植物缠绕着树木开出奇花异卉。在阴暗潮湿的森林里，含羞草像地毯一样覆盖着地面，人踩过后留下一串深深的脚印。

这里有很多奇异的生物，达尔文一走到原野里，就立刻沉浸其中。他看到一种奇异的蝴蝶。这种蝴蝶竟然能展开翅膀在地上奔跑，还发出“啪啪”的声音。他还饶有兴致地观看起黄蜂捕食蜘蛛。

路上，丛林中成群结队的蚂蚁又引起了达尔文的兴趣。

整个蚂蚁群简直就是一个有秩序的社会组织。它们各有分工，没有一个是白吃饭的蚂蚁。蚁后是蚁群的统治者，负责产卵繁衍后代，治理蚁群。没有蚁后，不论蚁群多么强大也会瓦解。雄蚁主要和蚁后交配，一旦完成生殖使命就会死去。没有生殖能力的蚂蚁是工蚁，工蚁是蚁群的骨干，筑巢觅食都由工蚁来负责。它们还负责照顾幼蚁和蚁后，给蚁后洗澡喂食，搬走蚁后产下的虫卵。兵蚁负责保护整个蚂蚁王国，发现陌生者就用触角试探，一旦确定是入侵者，就会咬住不放。

“造物主如此神奇！”达尔文惊叹蚂蚁王国是自然界团结的典范。

达尔文搜集了许许多多珍贵的昆虫、植物标本。还捕获了不少的鸟。他教会科恩采集和制作鸟类标本的办法。

中午，他们躺在一棵叶子非常厚密的大树下休息。在寂静的森林里，他们倾听着昆虫发出的响亮的喧闹声。这种声音在几百米外都能听到。达尔文觉得，在森林里有浓荫的地方，仿佛笼罩着一团最奇异的各种声音和寂静的混合物。

“巴西真是个神奇的国度啊！”达尔文感慨地说。

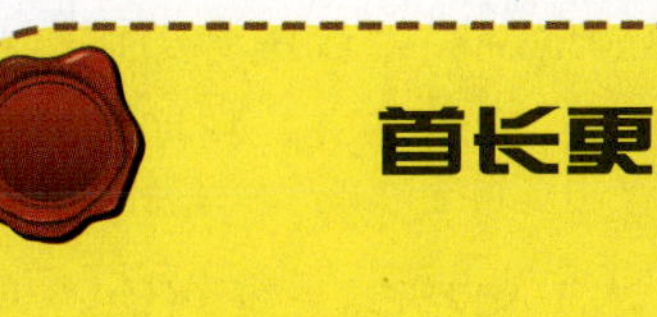

首长更黑

某部队阅兵，首长昂首走过。

“同志们好！”

“首长好！”

“同志们辛苦了！”

“为人民服务！”

“同志们晒黑了！”

“首长更黑！”

误入奴隶主庄园

文/佚　名

达尔文随着“贝格尔”号舰到达南美的时候，南美洲还是一块动荡的大陆。自从哥伦布发现美洲以来，大批殖民主义者涌向新大陆。他们在那里屠杀当地土著印第安人，瓜分他们的土地，并将大批非洲黑人运到殖民地去，做他们的奴隶。

有一天，达尔文和科恩在森林中考察时，发现了一座庄园。从庄园里传出一阵撕心裂肺的长号声。达尔文的脑海里回旋起在爱丁堡医院听到过的少女的叫声。不，这种声音比那少女的叫声更加使人难以忍受。达尔文愣愣地站在那里，科恩说：“老爷，这种声音在南美洲经常可以听见。这是奴隶主拷打奴隶的声音。”

达尔文思索片刻，下决心要干预这件事。他说：“科恩，走，到庄园里看看去。”

科恩劝解道：“老爷，咱们别去管这些闲事吧。这不会有好结果的。”

达尔文不顾科恩的劝阻，径直朝庄园大门走去。守门的两个仆人见两个白人来访，毕恭毕敬地问道：“两位老爷，到敝庄有何贵干？”

达尔文的脸色因愤怒变得苍白，他极力克制自己，平静地说：“我是‘贝格尔’号军舰上的自然科学家达尔文，特地来拜访你家主人。”

“欢迎！达尔文老爷。‘贝格尔’号军舰舰长正好在敝庄访问。请——”仆人一面说，一面打开了大门，另一仆人飞跑着进去向主人通报。

达尔文和科恩跨进庄园，拷打声停止了。一个遍体鳞伤，几乎是一丝不挂的黑人姑娘被人押着走过他们的身旁。达尔文同情地注视着这个女奴渐渐远去。

“欢迎，欢迎！”一个文雅的绅士热情地大声嚷着，同舰长一起，迎着他们走来。难道就是这个文雅的野兽，在施行如此残酷的拷打？达尔文简直不相信自己的眼睛。

宾主在客厅坐定后，达尔文忍不住询问道：“刚才那个姑娘犯了什么罪？”

“啊，哈哈，小事一桩。达尔文先生，您不必奇怪，对这些卑贱的野蛮人，只有恩威并施才能驯服。”绅士尴尬地笑着说。

舰长打圆场道：“达尔文先生，这位绅士是圣萨尔瓦多一带极孚众望的大庄园主。他的几百个黑奴对他十分崇拜、感激。”

“真的？”达尔文带着怀疑的语调问。

庄园主笑了笑，自负地说：“您不信？达尔文先生，我可以给您证明。来人呀！”

管家走进来，庄园主吩咐道：“将全体奴隶叫到大院来，我有话讲。”

不大一会儿工夫，客厅外的空坝上就站了黑压压的一大片男女农奴。庄园主陪着客人走出客厅。庄园主站在客厅的台阶上，问道：“你们在这里生活得快乐不快乐，孩子们？”

“快乐！老爷。”黑奴齐声答道。

“老爷待你们好不好？”

“好！谢谢老爷。”

“如果有谁觉得老爷不好，你们可以自由离开。有愿意离开的吗？”

黑奴们沉默了，没有谁答话。庄园主又大声问道：“有愿意离开的吗？有愿意恢复自由的吗？”

奴隶们又齐声答道：“没有。愿意侍奉老爷。”

庄园主得意地笑了，舰长满意地点了点头。

回到军舰，像往常一样，达尔文到舰长室同菲茨罗伊共进晚餐。舰长不忘庄园中的

那一幕，对达尔文说：“怎么样？事实雄辩地说明了，奴隶制虽然不能说是件好事，但是可以容忍的。”

达尔文嘲讽地回敬道：“舰长先生，难道您没有想过，这些可怜的奴隶怎么敢在他们的主人面前说真话？”

舰长被这不恭的回答激怒了，他放下了刀叉，怒气冲冲地站起来，向达尔文庄严地宣布：“先生，您污辱了我，我们再也不能在一起相处了。”

达尔文惊呆了，他停止了用餐，默默地站起来，走出了舰长室。中下级军官知道了这件事后，同情地邀请这位他们热爱的青年科学家到军官食堂去用餐。晚餐以后，达尔文回到舱房，他自知要被舰长赶下船了，躺在吊床上，紧张地盘算起对策来。谁知，几个小时以后，苏利文少尉奉命来找他，对他说：“舰长要我代他向您致歉，请您今后继续留在军舰上，和他一起考察下去。”

苏利文以朋友的身份半真半假地说道：“达尔文，你这个可恶的哲学家，今后少拿你那一套哲学去惹舰长了。你可知道为了你的哲学，我吃了多少苦头？他把我叫去，整整骂了几个小时，以消除他的怒气。”

就这样，达尔文和菲茨罗伊舰长重归于好。

在“贝格尔”号停泊期间，三名水手到沼泽地打猎，不幸染病死了，人们开始议论纷纷。一些水手中途开了小差，画家厄尔也准备离开。达尔文劝他留下来，厄尔反而劝达尔文离开。达尔文说：“这次航行是我一生中的机遇，如果错过，会抱憾终生，即使付出生命的代价我也要留下来，坚持下去。”可厄尔还是离开了。

几天后，船上多了一些陌生的面孔，他们是“贝格尔”号新招募的船员。

1832年7月，“贝格尔”号离开潮湿炎热的巴西，向气候凉爽的南方驶去。临行前，达尔文把采集到的标本寄回英国，一部分寄给了亨斯罗教授，另一部分寄回家乡。

火地岛遇险

文/成全龙

“贝格尔”号军舰离开巴西后，不久就遇到了大风暴。安全起见，“贝格尔”号被迫放下了船帆。

整个船身猛烈地摇晃着。达尔文非常担心，就连菲茨罗伊船长也说：“这样的大风暴我之前也没有遇到过，应该不会持续多长时间的，至于我们最后能不能闯过这一关，那就要靠运气了。”山峰一样的海浪一排排涌上甲板，连船舱都进了水，好在船员们在船长的指挥下，排水的排水，掌舵的掌舵，丝毫不乱，都有条不紊地坚守在自己的岗位上。

上天保佑，第二天风小了，可忽然又下起了大雨。就这样，“贝格尔”号一直在恶劣的天气中艰难地行进，一直到抵达乌拉圭的蒙得维的亚海湾时，恶劣的天气才终于停下了。刚刚经历了惊涛骇浪的“贝格尔”号驶进了风平浪静的港湾。

达尔文又一次登上了海岸。乌拉圭和邻国阿根廷地处南美洲的南部，北部是高地，南部则是辽阔的大草原。达尔文站在高岗上极目远望，只见一望无际的潘帕斯草原地毯般展现在自己的面前。潘帕斯草原堪称动物的王国，在以后的考察中，达尔文经常能看到一些动物十分奇异的习性和令人惊骇的土著人的风俗，他在那里收集了很多有价值的化石和动物标本，使他对物种起源的思考越来越深入。

1832年11月，“贝格尔”号再次起锚，驶向南美洲最南端的火地岛，天气变得越来越冷。

这一天，“贝格尔”号军舰终于抵达了火地岛。菲茨罗伊舰长带领二十八名船员，乘坐四只小船，沿着贝格尔河向纽扣的家乡划去。他们要送纽扣、篮子和约克回自己的故乡定居，同时测量这一带的地形。达尔文和科恩与他们同行，去进行科学考察。

这四只小船的突然出现，引起了火地岛人的无比震惊。一时间，每个高地上都有烽烟升起，很多土著人沿着河岸跟随他们奔跑了好几公里。他们挥舞着双臂，嘴里发出可怕的呼喊。跑在最前面的是几个赤身裸体的男人，他们身上用颜料画着白一道、红一道、黑一道的条纹，杂乱的长发在他们头上随风飘散着。在他们的后面，一群裸体的小孩、女人也在拼命地奔跑着，嘴里发出狂暴的吼叫声。

舰长带着一队水兵首先上岸，达尔文、科恩、纽扣、篮子、约克紧紧跟在他们后面。那一群赤身裸体的火地岛人不断地向这支白人队伍冲来，男人们的手中拿着石块。

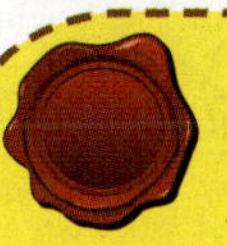

钢 琴

一男子来到医院精神病科。男子：“大夫，我老婆总以为自己是钢琴，我该怎么办？”大夫：“那你还不把她带来？”男子：“你是不是精神有毛病？我一个人怎么能抬动钢琴？”

一场恶战看起来在所难免了。达尔文一想到马上要向这些赤身裸体的可怜人开枪，心里就直发抖。舰长抬起双筒手枪，“啪啪”朝天连开两枪。火地岛人吓了一跳，顿时停了下来。为首的一个高大健壮的土著人踌躇了一会儿后，又带头冲了上来，嘴里大声呐喊着。舰长用手枪朝他的头上开了两枪，子弹“嗖嗖”地擦过他的脸边。那个土著人用手摸了摸自己的头，发现头还好好地长在脖子上，于是又放心地迈步往上逼。舰长见他们不认识子弹，只好拔出一把明晃晃的腰刀，威胁地朝他挥舞几下。没想到这个大胆的土著人看了之后，竟然哈哈大笑起来。

舰长的头上开始流汗了，他无可奈何地吁了一口气。片刻的沉思之后，他改变了主意，收起腰刀，又把双筒手枪插到身上，然后笑哈哈地迎了上去。他走到那个土著人面前，把自己头上的海狸皮帽子脱下来，戴到土著人的头上，亲切地用手拍拍土著人古铜色的肩膀。之后，他从背包里取出一套崭新的西式衣裤，递给土著人。这个火地岛人接过陌生的礼物，敌意立刻消失了，脸上绽出了友好的笑容。

然后，在达尔文惊愕的目光中，这个土著人“噗噗”几下，将衣裤撕成了许多小块，均匀地分给了身后的男人们。

“贝格尔”号上的人见此情景，立刻拥进土著人的队伍，向他们赠送酒杯、乳瓶、茶具、汤盆、细麻布一类的礼品。达尔文和科恩把一些红头绳赠送给呆立在旁边的妇女和小孩们。其他土著人都像那个首领一样，纷纷把得到的礼品弄成碎片，均匀地分给身边的同伴。当达尔文他们看到一个土著人把一只小便壶打碎分给同伴时，都开心地笑了起来。

气氛缓和了，舰长对纽扣说道：“纽扣，你去告诉你的同胞们，我们是友好的白人，不会伤害他们的。”

纽扣点点头，走到那个为首的土著人跟前，用英语麻利地说道：“兄弟，我也是火地岛人。这些白人都是好人呀。你听懂我的话了吗？”

土著人望望这个身穿西装、皮鞋擦得锃亮、戴着一双羊羔皮手套、说着一些莫名其妙的话的文明人，没有回答他的问话。

达尔文对纯真可爱的纽扣说：“纽扣，用土语和他说呀，他听不懂你说的英语。”

纽扣立刻回过味儿来，想改用土语和同胞交谈，可是他的嘴唇张了几下，并没有发出声来。原来，在英国待了几年之后，他竟忘记了自己的家乡话！

这时，一名年轻漂亮的火地岛少女走过来，端详了纽扣半天之后，忽然惊叫一声：“琴米！”

纽扣一听有人喊他的小名，大喜过望，他激动地拉住这名少女的手，说：“我是琴米，我是琴米呀！你认识我？”

少女羞涩地缩回自己的手，深情地望着他，向他低声说了几句土话。这次纽扣听懂了，他兴奋地对少女说：“呀，原来你是云雀，几年不见，你变得漂亮了许多啊！”

少女的脸因为激动和羞涩而变得通红。

纽扣拉着少女，对“贝格尔”号舰上的人们兴奋地喊道：“她是我的表妹，她叫云雀。”

这时云雀也对岛上的人们嚷起来：“琴米回来了！我们的琴米回来了！”

大家都围上来，向琴米问这问那。琴米忙着把一些礼品分给他的同胞。

就这样，“贝格尔”号舰上的人在火地岛上住了下来。离他们居住的沙滩大约八百多米远的地方，有一条十多米高的冰川，垂直悬挂到海峡边的峭壁上。由于光的反射，这条冰川现出蓝色的光彩。这一天，达尔文正惊叹于冰川的颜色的时候，突然，一个巨大无比的冰块从冰川上轰隆轰隆地飞落到海峡里。随着一声震天动地的巨响，海面上掀起了滔天的巨浪。巨浪径直朝达尔文他们所在的沙滩扑来。哎呀，在沙滩边，拴着载有“贝格尔”号舰全体人员所有粮食的小船。这只小船眼看着就要被巨浪击得粉碎。就在这千钧一发之际，达尔文奋不顾身地第一个冲到小船边，紧紧地抓住了船头。巨浪铺天盖地朝他的头上打来，一下子把他打翻在海滩上。可是趴在地上的达尔文仍然死死地抓住船头不放。巨浪接二连三地打到他的身上，他连灌了好几口海水。小船拼命地挣扎着，要从他的手中逃出去。他就要支持不住了。幸好这时科恩和舰长及时赶到，小船终于保住了。

舰长亲自把达尔文扶起来，他紧紧地拥抱着这位勇敢的自然科学家，激动地说：“亲爱的朋友，你救了我们的命，为了纪念你的功绩，我将把这片刚刚测量完的广大水面命名为达尔文海峡！”

几天后，军舰离开火地岛，向福克兰群岛驶去。纽扣、篮子和约克，带着大批财物，留在火地岛上，从事传播基督教的工作。一年之后，“贝格尔”号舰将回来看望他们。到那时，他们的工作会进行得如何呢？达尔文站在军舰的船舷上，望着在向他们拼命挥手告别的纽扣，心想：啊，可怜而又可爱的纽扣，现在你和自己的同胞之间的差距是多么大啊，你还能够适应这里的生活吗？

潘帕斯草原上会孵蛋的雄鸵鸟

文/佚　名

经过短暂的停留之后，“贝格尔”号驶离火地岛，开往阿根廷。几天后，军舰在阿根廷靠岸了。

阿根廷的首都坐落在辽阔的潘帕斯草原上。

在潘帕斯草原上，达尔文看到了身材高大的高楚人，他们是白人和印第安人的混血人种，外表看起来非常凶恶，可是待人和善，善于骑马打猎。他们在一根长绳上系几个沉重的球，用这种工具来捕捉猎物。达尔文也想一试身手，便骑着马和他们一起去打猎，结果却被绳索锤套住了自己骑的马的腿，一旁的高楚人看了之后哈哈大笑。

因为马受了伤，达尔文只好徒步往前走，没想到却因祸得福，意外地发现了很多有趣的事。他看到了在土中乱拱的小啮齿动物——吐科鼠，达尔文走过去，它们受到惊吓，马上钻进洞里。达尔文来到它们的洞穴旁，蹲下身来仔细倾听，里面传来断断续续的哼哼声。吐科鼠以植物的根为食，长期栖身在地下洞穴中，眼睛很少用到，几乎全瞎了。吐科鼠的眼睛虽然瞎了，但并没有对它们的地穴生活造成任何不便。这让达尔文想起一位动物学家的观点：器官长期不使用就会衰退。

达尔文继续往前走，看到正前方有一群鹿，立刻朝着奔跑的鹿群开了一枪，没有打中，可奇怪的是原本奔跑着的鹿反而停了下来，还好奇地用鼻子去嗅枪弹落下的地方。达尔文非常惊奇。当地人告诉他说：“这里的鹿一点儿都不怕徒步行走的人，不过看到骑马的人后，它们就会飞快地逃走。”

这引起了达尔文深深的思考。因为在英

国，鹿对骑马的人和坐车的人并不害怕，而是看到徒步行走的人后会迅速逃走。由此，达尔文得出结论，潘帕斯草原上的猎人都是骑马的，而英国的猎人都是徒步的。时间一长，鹿就形成了这种奇特的个性。

达尔文还看到了在草原上奔跑的美洲鸵鸟，当地人告诉达尔文一个美洲鸵鸟的奇异习性：雌鸵鸟自己不孵蛋，而是集体把蛋下到巢里，然后由雄鸵鸟来孵。达尔文十分感兴趣，一连观察了几天，最后终于弄明白了，原来雌鸵鸟十几天下一次蛋，如果等到产卵期结束再孵，最早下的蛋早就臭了，所以，孵蛋的责任自然就由雄鸵鸟来承担了。这真是太神奇了。达尔文对这一奇异的生物现象非常好奇，打算抓一只鸵鸟做标本。

一天，达尔文听说科恩捉到了一只鸵鸟，急忙赶过去。不过可惜的是，等达尔文赶到时，这只鸵鸟几乎已经被吃完，只剩下皮、头和双腿了，达尔文一眼就看出这不是一般的美洲鸵鸟，于是把剩余的东西制成了标本，后来这种美洲鸵鸟就被命名为达尔文鸵鸟。

达尔文还在一个叫彭塔阿尔塔的地方发现了巨大的古代动物化石，他在这里挖掘出好几种贫齿类的树懒科化石：大懒兽、磨齿兽、臀兽、巨树懒等。这些动物和现代的树懒有相似之处，不过形体大小差别很大。达尔文猜想，这些体形庞大的远古动物，虽然不能像现代的树懒一样爬上树去，但它们能用后肢站立起来，靠一对像三脚架一样的粗大的脚和一个大尾巴的支撑抱住树干，把树拉倒在地，然后再去吃树上的叶子。

达尔文把制成的动物标本和化石标本一一分类、编号，装进大木捅，把它们封得严严实实。然后在水手们的帮助下，抬上开往英国的邮船。看着心爱的宝物都安顿好了，达尔文才会长长地舒一口气。

“贝格尔”号继续前进了，躺在吊床上的达尔文又兴奋又困惑。天不怕地不怕的鹿群，孵蛋的美洲雄鸵鸟，瞎眼的吐科鼠，巨大的化石，一一浮现在他的眼前。这些现象的出现，似乎都遵循着一条看不见的规律，到底是什么规律呢？达尔文不断地分析着，思考着。

遇雄狮美女救英雄

文/孙永波

在南美停留的总计一年多的时间里，达尔文曾先后到阿根廷、乌拉圭等地去做了五次陆路探险。这是达尔文科学考察活动中最有收获的一段时间。在这期间，达尔文发现了很多重要的生物学现象和地质学现象，为他以后的科学研究打下了坚实的基础。可是，这些成就的取得是多么不容易啊。那时，阿根廷国内正处于内战时期，到处烽烟弥漫，全国一片混乱。叛乱者和政府之间的战争、印第安人反抗欧洲殖民者的战争，使战火纷飞的阿根廷土地上几乎找不到一块安宁的地方。

有一次，达尔文他们跨过科罗拉多河之后，突然发现自己已经身在战场之上。在一棵直径约一米的巨大的华列奇树的周围，达尔文看到了满地的印第安人的尸体。最令人愤怒的是，这些被阿根廷大军阀、大庄园主罗萨斯将军的部队杀害的印第安人，大多数还是年轻的妇女。她们的身上布满了弹痕。望着这一幕惨绝人寰的情景，达尔文气得脸色苍白，他愤怒地吼道："野兽！这是野兽的暴行！"

突然，一支枪抵在了达尔文的背上，一个粗暴的声音大喊道："不许动！"达尔文慢慢地转过身来，只见一名满脸横肉的士兵正凶狠地看着他。

“你们是什么人？竟敢闯进罗萨斯将军的地盘！”士兵问道。

“罗萨斯将军在这里？我正好要见他。”达尔文说。

听说这两个白人要见罗萨斯将军，士兵不敢怠慢，马上去通报。他把达尔文二人押解到离华列奇树不远的一个庄园里。罗萨斯将军的书记官看了达尔文递交的阿根廷政府的介绍信之后，态度温和了下来，他答应进去向罗萨斯将军报告。在等待罗萨斯将军接见的时候，达尔文和一名白人士兵攀谈起来：“你们为什么杀死这么多年轻的妇女呢？这太残忍了。”

不料这位欧洲殖民者理直气壮地回答说：“如果不杀死这些具有生育能力的妇女，她们很快又会养出一群野蛮人来，这样一来，我们这场打击野蛮人的战争什么时候才能结束呢？”

听到这种荒谬的逻辑，达尔文惊得说不出话来。这时，罗萨斯将军的书记官走了过来，他对达尔文说：“罗萨斯将军很高兴见到您，他要亲自同您聊聊。请！”

罗萨斯将军正在花园中的一块空地上审讯俘虏。见达尔文走了进来，他从大木椅上站起来，握了握达尔文的手，然后指指旁边的椅子，示意达尔文坐下。他那僵硬的脸上挤出一丝微笑，说：“欢迎，达尔文先生。我是很尊重大英帝国的。请您先参观一下我怎么审讯这些重要的印第安酋长吧，等审讯结束后我们再详谈。”

达尔文看了看站在空地上的四个印第安酋长。这是四个高大、强壮的印第安人。第一个印第安酋长已经投降了。

这个酋长被带下去以后，罗萨斯将军继续审讯剩下的三个人。第二个印第安酋长拒不回答罗萨斯将军的问话，他的嘴里只是不断重复着一句话：“Nose（我不知道）。”罗萨斯将军狞笑一声，从身上掏出手枪，“啪”的一枪，把这个不怕死的英雄打死了。第三个印第安酋长同样拒绝回答问题，也被罗萨斯将军开枪打死了。第四个印第安酋长昂起他那高贵的头颅，说了一句“Nose”后，又添了一句：“开枪吧，我是一个男子汉，我是不会怕死的！”接着他也倒在罗萨斯将军罪恶的枪口之下。

达尔文看着这一幕悲壮的情景，被印第安人的英勇精神深深感动了。他想：这些人是多么勇敢啊。这些印第安人，还有那些勤劳、热情的黑人，难道他们真的和欧洲人有高低贵贱之分吗？到底谁才是真正的野蛮人呢？

从罗萨斯将军那里出来之后，达尔文一路上都在思考着这个问题。这些见闻和思考，对他以后研究人类的起源问题，以及反对种族主义的事业发挥了很大的作用。

接着他们到文塔那山脉一带考察，当达尔文正为发现了这个山脉是从海洋里升起来的证据而欣喜若狂的时候，突然，从不远处传来了一声炮响。科恩听了一下炮声后，紧张地对达尔文说：“老爷，这是要塞上发出的警报，印第安人正朝这边杀过来了。”

没时间犹豫了，达尔文和科恩立刻翻身上马，离开大路，沿着沼泽的边缘逃跑。忽然，达尔文的马跌倒在路边的沼泽中，他也摔到沼泽边，全身浸在墨黑的泥浆中。科恩奋力把主人扶起来，抱到自己的马上。这时后面印第安人的呼喊声已经越来越近了。主仆二人拼命地奔到要塞，请求保护。

危险过去以后，他们继续向朋塔阿耳塔前进。周围的景色逐渐优美起来，他们沿着一个美丽的湖泊向一大片森林走去。

进入森林后，疲惫不堪的达尔文躺在一棵大树下，想休息一小会儿。一只讨厌的食尸鹰飞过来，在他们的头上盘旋。

“美洲狮！”科恩突然从地上跳起来，

大声喊叫着。

达尔文立刻站起来，双手紧紧抓着猎枪，倾听着从附近传来的狮子的吼声。一头身形庞大的雄狮从树丛中走了出来，窥伺着达尔文。达尔文紧抓猎枪，瞄准雄狮，做好了拼死一搏的准备。这时，两个漂亮的骑在同一匹马上的印第安女人突然出现在美洲狮的面前。骑在后面的那个女人，挥舞起投石索，投石索上的三个球在她的头顶飞快旋转着。之后，她用一种非常优美的姿势，把投石索向雄狮掷了过去。雄狮怒吼一声，四脚朝天跌倒在地，雄狮一面狂叫，一面奋力挣扎，那两个印第安女人骑着马，围着一棵大树转了好几圈，把投石索拴在树上。雄狮被紧紧地缚住了！

达尔文和科恩走上前去，向两位女英雄致谢。两个印第安女人见到这两个突然冒出来的白人后，惊呆了。她们什么话都没有说，拨转马头，丢下雄狮，扬鞭催马消失在远处的丛林中。

经过千辛万苦之后，主仆二人终于来到了一年多以前发现古大懒兽骨骼化石的地方，在一百多平方米的地面上，他们进行了相当细致的发掘工作。最后，他们发掘出了九种已经灭绝了的古代大四足动物的骸骨。面对着这些生活在三千万年以前，目前已经绝迹的动物的化石，达尔文惊愕万分。这些已经绝迹动物和许多现代的动物非常相似，但又并不完全相同。大懒兽、巨树懒、磨齿兽，它们和现在仍然生活在南美洲的一种叫做树懒的动物很相像。特别是有一种箭齿兽，和现代很多种不同类型的动物都有相似之处。它的身体像大象一般大，可它的牙齿却像现代的小动物老鼠的牙齿，它的眼睛、耳朵、鼻孔等部位像水生动物人鱼（儒艮）和海牛。现代的老鼠、象、人鱼和海牛等不同种类的动物的特点都集中在同一种古代动物的身上，可这种古代动物又绝不是这些动物中的任何一种！

达尔文躺在草地上，反复思考着这个和《圣经》的真理，以及居维叶提出的突变论相抵触的现象。居维叶不是说地球上经过了二十七次突变，突变之后，上帝重新创造出来的生物与过去的生物完全无关吗？为什么那些灭绝了的动物化石会和现代动物这般相似呢？他自言自语地说起来："也许拉马克是对的，现在的动物是由古代生物发展起来的。那个与许多种现代动物相似的古动物箭齿兽，也许就是老鼠、象、人鱼和海牛的共同祖先！"

"老爷，您在乱说些什么呀？您说的和《圣经》上宣讲的是多么不同呀。"科恩一边清理化石上的污渍，一边忍不住说。

科恩的话让达尔文清醒了过来，他感到一种莫名其妙的恐惧。他对科恩笑了笑，说："真的，我的脑子里闪过了一个多么奇怪的念头呀。我这样想，正是在怀疑《圣经》，触犯上帝呀。这是多么危险呀！"

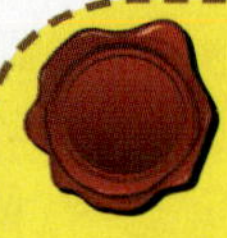

谨慎起见

小明跟小华到动物园玩，进门时，小明指着小华对看门人说："看清楚哦！等会儿出来，别说我偷了你们的猴子！"

惜时如金带病考察

文/佚　名

1834年6月，“贝格尔”号结束了在大西洋上的航行，它经由南美洲最南端的火地岛附近的群岛间的狭小通路，绕行到太平洋。之后，“贝格尔”号用了一年的时间，对南美洲狭长的智利海岸进行了测量。利用这个难得的时机，达尔文在濒临太平洋的国家里进行了三次陆上探险。这三次陆上探险，使达尔文对《圣经》产生了越来越大的怀疑。因为他除了采集到大量的动植物标本以外，还搜集到了大量证实莱伊尔地质学理论的证据。不但如此，在地质学上，他对珊瑚岛的形成过程进行了细致的考察，并发现莱伊尔关于珊瑚岛的形成理论是错误的。他心中有了自己的理论，准备回国以后，去和那位他崇拜很久的地质学大师进行一番辩论。

可是，收获之余，达尔文为此也付出了沉重的代价。他在考察中多次患上严重的疾病，还有很多次甚至直面死亡的威胁。

当军舰抵达智利的法尔巴来索港以后，达尔文带着科恩离开军舰，做了一次陆上考察。他们沿着安第斯山脉骑马走到智利首都圣地亚哥，再从圣地亚哥走回法尔巴来索。他此行的目的是考察近代贝壳层。

达尔文夜以继日，在安第斯山和山脚的平原上一连考察了一个多月。这天，他们来到一个金矿附近。晚霞映红了这片辽阔的平原，地平线上，遥远的安第斯山露出了它白雪皑皑的顶部，好像浮在大海上一样。金矿的工人下班了，达尔文想在那里找一个住宿的地方。他走近矿井的井口，一个矿工正在从矿井里往外爬。他的身体向前弯曲着，用双臂倚靠在梯级上，双腿也弯曲着。看来，疲劳已经拖垮了这个强壮的男人。他全身的肌肉都在抖动，满是尘埃的脸上涌出来的汗珠直滴到多毛的胸膛上，他的呼吸急促而困难，鼻孔翕动着，嘴唇用力地向后紧缩。达尔文看着这个矿工，心中渗起一阵怜悯。他伸出自己的手，帮助矿工爬出了井口。

矿工爬上来以后，使劲儿吸了几口新鲜的空气，喘息稍定后，上下打量了一下达尔文，感激地说道：“谢谢您！先生从哪里来，要到哪儿去？”

“我是来自英国的一名自然科学家，到这一带来考察地质和生物。天马上要黑了，我想找个地方投宿，不知附近有没有人家？”

“如果先生不嫌弃的话，就请到我家去吧！”

来到矿工家后，殷勤的女主人摆上饭菜，拿出奇奇酒，来招待贵客。达尔文不忍拒绝这位女主人几次三番的敬酒，不停地往肚里灌这种酸酸的新酿成的土酒。

当晚无事，可奇奇酒的威力在第二天显露了出来。那时，主仆二人正在安第斯山脚的一条河谷上进行考察。达尔文发现了一条正在岩石上晒太阳的蜥蜴。这条蜥蜴翘着黑色的尾巴，身体前半部分的鳞片发出湛蓝的色彩，中间有一道道的横条纹，颜色从头到尾逐渐变浅。达尔文熟练地捉住这条奇异的蜥蜴，正要把它放到酒精中制成标本，突然，他的胃剧烈地疼痛起来。他不由得蜷缩着身体，一屁股坐到地上，痛苦地呼唤着："科恩，科恩，快来呀！"

科恩正在河谷中采集植物标本，听到主人的呼唤后，马上跑了过来。他见主人脸色苍白，头上冒着虚汗，蜷缩成一团，手里紧紧地抓着一只蜥蜴不放。他知道主人珍惜标本胜过一切，因此首先从主人手上接过蜥蜴，把它放进酒精瓶中，然后把主人平放到地上，焦急地问道："老爷，您怎么啦？"

达尔文轻轻笑了笑，说："没什么，躺一会儿就没事了。"

休息了好一阵后，科恩见主人的脸色还是没有好转，非常焦急。他望了望荒无人烟的河谷两岸，发现不远处有一间茅草房。于是他把主人扶上马，然后小心地牵着马将主人送到无主的茅草房里住下。傍晚，达尔文终于感到好些了，他挣扎着爬起来，拿起地质锤，要出去完成预定的考察任务。科恩劝阻道："老爷，您的病这么重，还是等好一点儿再去敲那些石头吧！"

达尔文拍拍科恩的肩膀，安慰他道："我已经好多了，不用为我担心。今天我们已经损失了好多时间，现在要设法弥补回来。你要记住，只有不懂得生命价值的人，才会白白地浪费一个小时的光阴。"

第二天，达尔文继续骑马前进，可是没走多远，他的胃又痛起来了，他不得不停下来休息。但是，就在这一天休息的日子里，他还到野外去采集了动植物标本，并且从古代地层里采集了一些科学研究价值很高的海生软体动物的贝壳。之后两天，他的身体状况越来越糟糕。他以顽强的毅力，骑马疾奔，准备到法尔巴来索去就医。可是，还没有到达目的地，他就从马上摔了下来，一动也不能动了。科恩骑马进城，雇来一辆马车，把达尔文送到了法尔巴来索城里一位智利教师科尔菲德的家里。

达尔文在科尔菲德家里休养了一个多月，菲茨罗伊舰长派了军舰上的助理外科医生巴伊诺去为达尔文治病，并特意把军舰的出发时间往后推迟了十天。在巴伊诺的悉心照料下，达尔文终于转危为安。可是当达尔文能够拿起笔来继续写他的旅行日记时，他没有为自己的健康受损而唉声叹气，却为损失了宝贵的时间而扼腕叹息。他在日记中写下了这样一段话："这真是令人痛心的时间上的损失，我本来还要采集许多动物标本的……"

勇登世界第一山——安第斯山

文/孟军海

“贝格尔”号穿过南美洲南端后，掉头北上，驶入了太平洋。1834年3月，“贝格尔”号抵达了智利的法尔帕莱索海湾。

“贝格尔”号将在这里停留较长时间，达尔文信心十足，要攀登安第斯山脉。蜿蜒绵长的安第斯山脉纵贯南美洲西部，是世界上最长的山脉，将近10，000公里。

菲茨罗伊船长劝阻达尔文说：“登山是非常危险的，你还是不要去了吧。”

达尔文最害怕别人阻挠他外出考察了，他焦急地对好心的船长说：“不会有危险的，我雇用一个当地的山民做向导，他们有着丰富的登山经验。”

菲茨罗伊船长听了之后，终于同意了。

于是，达尔文和两名经验丰富的向导，用几匹骡子驮着实验器材和食物，向着安第斯山脉进发了。山路崎岖不平，达尔文一边艰难地向上攀登，一边察看着山上动物、植物的分布情况，还不时地用地质锤敲击着岩石。

“有化石！”在海拔2000多米的地方，达尔文兴奋地停了下来。他拿出显微镜仔细地观察着一块有纹路的岩石：“这是贝壳化石，是生活在海洋深处的软体动物的化石，现在它们怎么跑到山上来了？”

会不会是一种偶然呢？达尔文拿着地质锤继续寻找，很快又发现了一些海底动物、海底植物的化石。

“安第斯山脉很久以前在大西洋海底，后来隆起才成了山脉，这些海底动物、植物化石就是最好的例证。”达尔文太兴奋了，早忘了向导们根本听不懂他精辟的分析。

一行人继续往上走，空气越来越稀薄，大家都感到有点憋闷，肚子也饿得受不了了。他们支起锅，开始煮马铃薯。可是气压太低了，水很快就沸腾了，但煮来煮去，马铃薯却始终不熟。最后，他们只好嚼起半生不熟的马铃薯来充饥。

几天之后，达尔文终于攀上了一座高峰。举目四望，只见远处的大山银装素裹，似乎伸手可及，幽深的山谷回荡着他们的叫喊，蔚蓝的天空中，不时有雄鹰掠过。达尔文被这壮观的美景陶醉了。

安第斯山脉一行，达尔文收获颇丰。

他发现山脉东西两侧的昆虫、鸟类有着很大的差异。比如说老鼠吧，太平洋沿岸的老鼠和大西洋沿岸的老鼠就有着十分明显的区别，可是山脉两边的土壤、纬度几乎一模一样。为什么会有这么大的差别呢？是上帝分别创造了两类不同的动物，还是在高大的安第斯山脉的阻隔作用下，物种发生了变异？带着这样的疑问，达尔文随同“贝格尔”号驶向了赤道附近的加拉帕戈斯群岛。

路上，达尔文问菲茨罗伊船长：“船长，‘加拉帕戈斯’是什么意思？”

“乌龟岛。”菲茨罗伊船长告诉他说，“那里遍地都是身体庞大的乌龟！”

就在说话间，“贝格尔”号来到了加拉帕戈斯群岛。

保护现场

有两只小鸟看见一个猎人正在瞄准它们，一只对另一只说：“你保护现场，我去叫警察！”

乌龟岛上畅饮乌龟水

文/佚　名

这天，环球航行的“贝格尔”号在属于厄瓜多尔的加拉帕戈斯群岛，也就是乌龟岛停下了。

达尔文趁机对这个群岛进行了详细的考察。这是达尔文科学考察生活中最重要的时刻。本来，达尔文的环球考察是以地质学为主的。在考察生活的最后一年，他几乎把主要精力都用在地质学考察上。但是，加拉帕戈斯群岛上的发现，使他把主要精力转到了生物学研究上，并在以后几十年的研究活动中，写出了很多本生物学巨著。这个加拉帕戈斯群岛，也因此成为世界上最有名、最大的自然博物馆。

加拉帕戈斯群岛是由十座小岛组成的。达尔文发现，这些岛屿在不久以前还为大洋所覆盖。在这块年轻的土地上，生活着种类繁多的独特的动植物。达尔文爬遍了群岛的每一座小山头，搜集一切可能搜集到的生物

标本，在这个研究自然史的宝库中废寝忘食地工作着。他发现，在他的周围尽是世界别处没有的鸟类、爬行动物和植物的特殊品种。在这里，他发现了25种鸟类的新种。这些新种，是群岛独有的，没有一种在世界上其他地方被发现过。同时他还发现了100种植物新种。

"贝格尔"号停靠的一座大岛叫查塔姆岛，岛上遍布着黑色的玄武岩，非常干旱，只长些低矮的灌木和仙人掌。在这里，身躯庞大的乌龟在岛上慢慢移动着，细长的脖颈儿顶着小脑袋从龟甲中伸出来，向前张望着。达尔文打算捉住一只做成标本，可一个人怎么也搬不动。他喊来三个水手，四个人喊着号子才把一只乌龟翻了过来，可仍旧没办法把它弄走。达尔文只好放弃了。

岛上的居民看到来了客人，热情地向他们打招呼，还端了水给他们喝。达尔文道谢后，接过来喝了一口，觉得味道有点儿苦，像是一种饮料，不过还算可口，他一饮而尽。当地居民笑着告诉达尔文："这是乌龟水，是从乌龟的身体里取出来的。"

看到达尔文惊讶的样子，当地居民又告诉他，岛上干旱少雨、水源很少，乌龟就把水储存起来，能够长时间不喝水。行路的人口渴时，常常把乌龟杀死，取出它身体里的水来止渴。他们还热情地邀请达尔文品尝鲜美的乌龟肉。达尔文道谢后，告辞了。

达尔文在乌龟岛考察了几天，了解了它们的生活习性。乌龟平时以仙人掌为生，潮湿的地面往往是乌龟的乐园，它们可以吃到树叶、地衣、浆果这些美味。乌龟们常常拖着笨重、庞大的身体步行十几里找水喝。

有一次，达尔文在一个小水洼旁看到了一幅壮观的场面：乌龟们排着队来喝水，它们把细长的脖子伸进水中，喝一个饱，然后排着队返回，来喝水的乌龟和喝饱水返回的乌龟行进的队列井然有序。这一幕，让达尔文惊诧不已。

后来碰到岛上一位老居民，达尔文就和他攀谈起来，这位老居民告诉达尔文："加拉帕戈斯群岛的几十座岛屿都有乌龟生存，这些岛上的乌龟尽管身形一样庞大，可外形上还是有很大不同。如果遇到一只乌龟，我一眼就能辨别出是哪个岛上的。"

"请问，有什么不同呢？从什么地方判断出的呢？"

这位居民说："我一看龟背就能判断是哪个岛上的，龟肉好吃不好吃。不同岛上的乌龟拱甲高低不同，还有龟裙的前后开口也不同，龟甲的颜色、厚度也不同。脖子和腿的长短也不同。"

这位居民滔滔不绝地介绍着，达尔文听得入了神，寻思着：为什么这些岛屿上的乌龟都不相同，是自古以来就不同吗？是上帝特意创造的吗？

私房钱

一日，狗哭丧着脸和猫聊天："考古学家在主人花园发现了大量史前生物骨头！"猫："那可是新发现啊！你怎么这么悲伤？"狗哭道："那可都是我的私房钱啊！"

奇特的秦卡鸟

文/佚　名

除了乌龟之外，达尔文还考察了加拉帕戈斯群岛的其他动物，其中最引他注意的是一些奇特的鸟类。

有一次，在离军舰停泊处9000多米的詹姆士岛上，达尔文和科恩在一间茅草屋前燃起篝火，煮起了乌龟汤。科恩还将乌龟肉切成小条，挂在绳子上。

这时，一群奔跑得很迅速、行动很敏捷的秦卡鸟飞过来，落到绳上，啄食那些挂着的乌龟肉。科恩站起来，挥动双臂，想把这些鸟儿赶走。可是，这些鸟儿一点儿不怕人，吱吱鸣叫起来。

“科恩，你听，这些秦卡鸟的叫声和智利的秦卡鸟多么不同！”达尔文说。

“老爷，您对什么事都观察得那么仔细，我可没听出有什么不同呀。”科恩说。

“科恩，你仔细听听。”

科恩竖起耳朵，仔细地听起秦卡鸟的鸣叫声来。他终于分辨出这些鸟儿与南美大陆同样的鸟儿具有不同的鸣叫声，他兴奋地说：“老爷，我听出来了，这些鸟儿的鸣叫声比南美大陆上的好听。”

达尔文高兴地笑了笑，说：“科恩，你说得对。在这儿，有许许多多的动植物都和大陆上的同种动植物有差异。你看，这儿的乌龟同大陆上的多么不同，就连乌龟汤的滋味都不一样；这儿的地雀也同大陆上的不一样。更为奇怪的是这儿的各个岛上的同一种类的动植物也是有差异的。”

吃了午饭以后，达尔文侧卧在草地上，面对着长满了仙人掌、香蕉和百合的大地，在秦卡鸟欢乐的叫声中，继续思索那个使他十分惊异的现象。这是由十个升出海面的死火山组成的岛屿，每个岛上的气候、土壤特性、地势高度虽然是那样一致，但这些岛屿上的生物种类却不同。更为有趣的是，同样都是地雀，但有不同长短的喙。有一种喙最长的地雀是查理岛和查塔姆岛特有的，其他8个岛上都没有。喙最短的地雀只有在詹姆士岛上才有。总之，达尔文发现，组成群岛的各个岛，外界条件是基本一致的，但生物的品种却各不相同。不过，这些不同的品种又有接近的亲缘关系，还同南美洲大陆上的物种有较远一些的亲缘关系。

怎样用《圣经》来解释这一现象呢？他摸出《圣经》，把《创世记》从头到尾看了一遍，也找不出一句话能解释这种现象。倒是这些铁的事实处处在与《圣经》作对，使《圣经》上的真理变得虚弱无力。是的，《圣经》说得不对，物种不是不可变的。

达尔文回到军舰，在他那狭小的舱房里写《旅行日记》。他在日记中写道：“好像群岛的每一端，都可以找到一个品种，而且各有特殊的变异。岛上的生物是在岛屿形成之后由南美洲迁移到这里来安家落户的，它们各自在各个岛上发生了变异，由于海洋的隔离，形成了不同岛上不同的独特物种。《圣经》不可信！”

“什么，《圣经》不可信！”突然，菲茨罗伊舰长的声音从背后传来。他站在达尔文身后，看他写日记已经很久了。

"是的，《圣经》不可信。"达尔文转过身来，将他在群岛中看到的物种变异事实给舰长讲了一遍，并特别谈到了地雀的喙的长度的变化情况。

相信《圣经·旧约·创世记》中每一个字都是真理的舰长，很不以为然地反驳道："你的想法不对！这里的小鸟的喙又短又厚，正好说明上帝对它们如此惊人的关心，赋予它们强有力的喙，以便在坚硬的岩石上面寻找食物。"

经过深思熟虑的达尔文，不慌不忙地反问道："这里各个岛上的岩石都是一样坚硬，上帝只须创造出一种具有又短又厚的喙的地雀就行了，何必煞费苦心地去创造出具有各种不同尺寸的喙的地雀呢？而且，上帝又何必在喙的长度这种小事上去做文章呢？同时，上帝又为什么在不同的小岛上还要创造得不相同呢？这又是何必呢？"

达尔文几句话就把舰长问得张口结舌。不过，达尔文并未说服这位把《圣经》当成一切事物和行动的准绳的舰长。

从加拉帕戈斯群岛出发，"贝格尔"号开始了横渡太平洋的漫长航行。这几个月的航行生活，是达尔文感到生活最枯燥的时期。因为在这次横渡太平洋的航行中，"贝格尔"号舰只到过大赫的岛和新西兰两个地方，在整个航行期间，可供搜集的博物学资料少得可怜。对已经把博物学研究当成自己的生命、自己的一切乐趣和幸福的源泉的达尔文来说，找不到博物学上的资料，游历这些地方就成了毫无乐趣的事情。而且，在回航中，他思念祖国、思念家乡的情绪越来越强烈。他希望赶快结束这次航行，回到家乡同亲人团聚。

军舰在澳大利亚的悉尼停留了一段时间后，驶入印度洋，绕过非洲南端的好望角，从地球的另一面回到大西洋。"贝格尔"号舰经过四年多的航行，整整环绕地球跑了一圈后，回到巴西圣萨尔瓦多城。

"贝格尔"号舰从圣萨尔瓦多城出发，经过佛得角群岛、亚速尔群岛，向英国疾驶。1836年10月2日，达尔文终于看到了思念已久的祖国海岸。

一阵海风迎面扑来，拂动着他浓密的鬓发。他的思路转向另一个问题。在长达数年的探险生活中，他采集了数千种珍贵的动植物标本，发掘和采集了上千种矿物标本和古动物化石标本，得到了珊瑚岛形成和物种形成的重要启示，破除了对神圣的、不可触犯的《圣经》的迷信，一些崭新的科学思想正在他的头脑里形成。但是，他的损失也是巨大的，他牺牲了爱情和健康。

这种牺牲的代价是否太大了？"不。"达尔文对着越来越近的法尔茅斯港，吁了一口气，自言自语地说："'贝格尔'号舰的环球航行是我的第二次诞生，今后我在科学上所做的一切，都应该归功于在'贝格尔'号舰上的旅行。为了这一切，什么样的牺牲都是值得的！"

瘦成这样了

昨天，经过房产公司门口，看见有一只壁虎在这家房产公司门口看房价，这是正好有一条大鳄鱼远远爬了过来，小壁虎上前一把抱住了大鳄鱼的腿，并大声喊妈妈。大鳄鱼老泪纵横："儿啊，为省钱买房都瘦成这样了。"

1831年12月27日，达尔文乘坐“贝格尔”号军舰，经过北大西洋，到达巴西的巴伊亚，然后沿南美东海岸一路南下，到达巴西里约热内卢后，再经南大西洋的福克兰群岛、火地岛，绕过合恩角，沿南美西岸北上，从秘鲁圣地亚哥的普拉亚港，经北太平洋的加拉帕哥斯群岛到达大洋洲塔西提岛、新西兰等地，之后横渡印度洋到马达加斯加岛，经非洲好望角驶往北大西洋，最后于1836年10月2日回到英国。

达尔文和魔术师的“错误”

文/胡锡晟

一提及达尔文，就会让人对这位为生物学作出巨大贡献的科学家肃然起敬，然而，令人意想不到的是这位伟大的科学家也曾犯下“错误”，而这个“错误”又正出现在论述“进化论”的过程中。

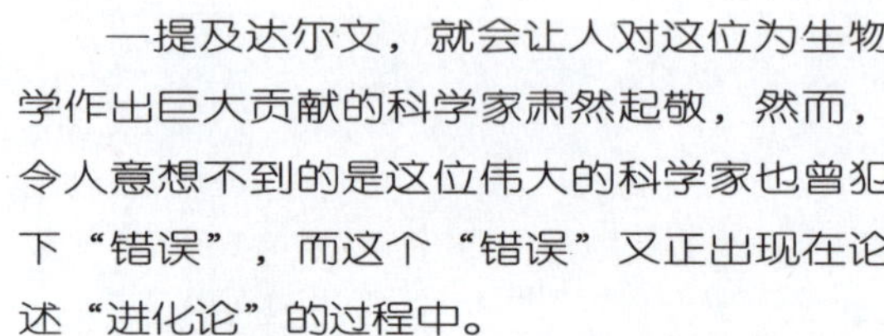

鳔的位置和构造与高等脊椎动物的肺是同源的，或“理念上相似的”，这是大家公认的事实。根据低等生物到高等生物、水生动物到陆生动物不断进化的原则，达尔文和许多人一样，得出所有具有真正的肺的脊椎动物都是古代一种具有漂浮器即鳔的未知原型一代代传下来的观点。

事实上，肺和鳔是同源器官，表明它们之间有共同的起源，陆地脊椎动物是从鱼类进化来的，这都是完全正确的。那么，达尔文得出陆地脊椎动物的肺是从鱼鳔进化来的观点就不正确了，事实上鱼鳔是从肺进化来的。我们知道“高等动物”必然由“低等动物”进化而来，因此在没有足够的证据之前，很容易把“高等动物”的某个器官认定为由“低等动物”的相似器官进化而来。我们常常忘了，“低等动物”本身也一直在进化。硬骨鱼类(包括今天的大部分鱼)是在陆地脊椎动物，甚至是在哺乳动物已经进化后，才从其他鱼类进化来的。也就是说，鳔的出现要比肺晚得多。通过分析，我们不难看出，达尔文在论述陆地脊椎动物的肺和鱼鳔的关系时，同样像许多人一样落入先入为主的“窠臼”中。

还有一则小故事同样发人深思。有一位魔术大师，他能在极短的时间内打开无论多么复杂的锁，并且从未曾失手。有一个人不相信魔术师的神奇手法，向魔术师发起了挑战。他特制了一个坚固的铁牢，配上一把看上去非常复杂的锁，请魔术师到铁牢里，看魔术师能否从铁牢里逃脱。魔术师接受了挑战，可是几个小时后，魔术师已经精疲力竭，还是未打开牢门，最后宣布放弃挑战。其实，牢门并没有上锁，那看似很厉害的锁只是个假象。

达尔文和魔术师是典型的受到先入为主的思维定式影响。这种先入为主的思维定式使得我们仅凭经验、直觉办事，往往不能看清眼前事物的真相而作出错误的判断。然而，我们若深化概念，去弄清事物真相和本质，严格按照逻辑推理，学会借鉴广泛的经验，更换思路，怎么会落入先入为主的“窠臼”中？就如上面例子里的魔术师，如果他能先去瞧瞧那扇牢门，其结果可能就会大不相同了。

掐死我吧

一犯人被执行枪决，由于子弹是劣质的，第一枪没放出去，接着又放了第二枪，第三枪……这时犯人哭了：“大哥你掐死我吧，太吓人了！”

千里传书寄相思

文/田殿雨

在漫长的环球航行中，“贝格尔”号军舰白天乘风破浪，夜晚则在宁静中度过，船上的水手们经常演奏《费加罗的婚礼》《谢米拉米达》等乐曲。每当听到这些优美的音乐，达尔文就仿佛看到了正在弹奏钢琴的爱玛，听到了爱玛轻柔的话语，于是，他拿出纸笔，开始倾诉对爱玛的心里话：

随“贝格尔”号军舰的航行，是我到现在为止生命中最重要的事件，决定了我的整个人生。这是我自己画的航海线路图，“贝格尔”号沿着南美洲海岸航行，每到一个新地方，我都会有一些新发现。有些时候虽然收获进展很慢，看起来也不那么显著，但当它们聚集在一起，累加起来，却能产生让人意想不到的效果。

我在圣保罗岛上发现了管鼻鸌，它们住在多山的近海岛屿上，喜欢在水面上低飞，捕食水中的小鱼，傍晚再飞回窝里。我对它们的生活有着浓厚的兴趣，我从它们身上看到了生物间的生存之战。

你知道吗？蜥蜴身上的那些斑点，并不是美丽的装饰，而是自我保护能力的体现。你更想不到的是，啄木鸟的双脚、羽毛和喙都是经大自然精心设计的，它强健的腿上长着长而宽的趾，趾尖呈钩形，这使它善于攀登；它尾巴上的羽毛很粗、很硬，是用来支

撑身体，以保持平衡的；而它尖锐的喙，能够轻松地敲开树皮，让它吃到里面的小虫子。总之，每种生物机体都能最大限度地适应自己的生活习性，例如雨蛙能攀缘树木，还有种子的传播，这些观察总是能让我怦然心动。

当然，在世界历史的滚滚长河中，没有一件史实比栖息动物所遭到的广泛而反复的毁灭更骇人听闻。从大懒兽的化石来看，这种动物距今大约100万年，身体有一头大象那么大。经过观察，我发现它们和现存的大懒兽在体形上有着巨大的差别，但是构造上又非常相似，我猜测，一定有一种非常神秘的力量导致了大懒兽的灭绝。

美洲终年温暖，湿热的气候，使这里的植物形成了大片常绿的热带雨林，在这片热带雨林中，无论植物还是动物，都让我充分认识到了物种的丰富性和多样性。我对热带柑橘林惊叹不已，那壮观的柑橘林，无论用语言描绘，还是用笔画下来，都无法给人以丝毫正确的概念！

我曾亲眼看到一只黄蜂巧妙地把一只蜘蛛蜇得半死，然后把卵产在它的身体里。我还亲自实验过雨蛙脚趾顶端吸盘的引力，这种引力能让雨蛙牢牢地固定在放大镜的玻璃面上，即使让镜面与地面垂直，雨蛙也不会掉下来，你觉得有趣吗？

很多时候，我想到一株植物的枯萎，或者一只动物的死亡，有时并不仅仅意味着单个生命体的消失，而也许凑巧是此类整个物种的灭绝。我从一大批科学书籍上未获得的知识，已经在绝迹很久的古生物化石中得到认识，生活在同一片大陆上已经绝迹的生物和正在生存的生物之间存在着绝妙的关系。我开始对《圣经》中上帝创造万物万事的说法产生怀疑了，我要从地质学角度，从化石、贝类或与其他生物极其相似的石头身上，寻找它们更加神秘的源头。

给我印象最深刻的是恐龙的化石，它庞大的身体和奇异的形体激发了我无限的想象力，让我想到地球曾是许多已绝迹生命的家园。恐龙化石让我发现关于物体和生命形式更替之间的关系，让我意识到新物种的产生与现存物种的消逝密切相关……

你在梅庄过的圣诞节快乐吗？我在圣诞节前来到了好望角，来到了沙漠中一片广阔的草原上，找到了混着淡白色泥土的砾石，看到了在恶劣环境中生存着的棕褐色的草和灌木丛，知道食物和植物的奇缺是荒漠的主要特征。丝毫不用为我担心，我们的圣诞节食物准备得异常丰盛，一头重达77千克的羊驼，是我们的下酒菜……

信件像雪片一样从世界各地飞回梅庄。舅舅人虽老了，心却不老，如果他再年轻20岁，想必一定会与达尔文一同踏上“贝格尔”号，扬帆远航的。现在，每天阅读达尔文的来信，成了他最激动和快乐的事！

可爱玛把达尔文的信看得紧紧的，舅舅给达尔文写信：“以后寄来梅庄的信一定要写清收信人的姓名，不然我和爱玛之间要发生战争了……”

时间一天天过去了，爱玛房间里堆积的信件越来越多，这些都是达尔文思念的见证！

烤鱿鱼

从前有个人钓鱼，钓到了一只鱿鱼。

鱿鱼求他：“你放了我吧，别把我烤来吃啊。”

那个人说：“好的，那么我来考问你几个问题吧。”

鱿鱼很开心地说：“你考吧！你考吧！”

然后这人就把鱿鱼给烤了。

珍贵的家书

文/佚　名

在五年的环球考察中，每当踏上陆地，达尔文都会去采集很多的动物和植物，他把其中的一部分制作成标本，一部分用来解剖化验，一部分寄给亨斯罗教授。

事实证明，达尔文并没有辜负亨斯罗教授对他的希望，他和菲茨罗伊舰长之间的合作非常愉快，成了“贝格尔”号上一百多人中的风云人物。达尔文的热情、豪爽、知识和才华，使他获得了“贝格尔”号上所有人的尊敬和喜爱。

达尔文曾说过：“原来的远航计划是两年，这意味着我要和整个‘贝格尔’号人相处二十四个月，可现在三年过去了，我们还是不想回到当年出发的地方，越往前走，离祖国和亲人就越远，可我们这些同行人的心却贴得更近了，就像一家人其乐融融。”

说到家人，达尔文真的想家了，长年在外，不想家是不可能的，写封家书吧，报一声平安，送去几句祝福。

盼望着，盼望着，终于盼来了家人的来信，多么让人激动啊！

自从踏上“贝格尔”号开始环球航行后，书信成了达尔文和家人唯一的联系纽带。有一次，在看完家人的一封来信后，达尔文放声痛哭起来，因为那天，他同时收到了姐姐、哥哥、妹妹和爸爸的好几封来信，每位亲人的来信都写得催人泪下。而那天，达尔文正发着高烧，有好几次昏迷过去。

“贝格尔”号带给达尔文的晕船感觉自始至终没有完全消失，航行以来，他一直都在经受着心脏病和晕船的折磨。而实际上，这种感觉并不完全是由晕船引起的，而是达尔文家族的通病，由一种遗传基因所致。

但当时达尔文自己却不知道这个情况，他认为自己得了重病，甚至有时想到自己会死在船上，再也回不了家乡，他在病中曾有这样一段话：

“无论我通过什么方法排遣，在普利茅斯这两个月是我迄今为止最为痛苦的一段经历。我确信自己得了心脏病，可是我没有去看医生，我怕医生会说我不适宜航海。我决心已定，无论有多大的危险，都要把这次航行继续下去。”

从达尔文的话里我们可以看出，他身体不适已经很久了，但为了航海考察，他早已置自己的身体于不顾。

达尔文含着热泪给家人写信：

“我不会因为身体不适而错过这次远航的机会，如果那样，我想我就算躺到坟墓中也不会安息的，我会变成一个幽灵出没在英国的博物馆中……”

信寄出后，达尔文很快接到了爸爸的回信，爸爸不愧为一位名医，通过读信就知道了儿子患了什么病，爸爸详细地告诉他应该服用什么药进行治疗。

这不仅是爸爸寄来的一封家书，也是爸爸开下的一剂药方！达尔文的心病治好了，身体也渐渐康复了！

长时间生活在船上，风里来雨里去。这次远航之后，达尔文的身体落下了很多的毛病。但在写给爸爸的一封信中，达尔文总结了这样一段话：

“我一生的兴趣和唯一的工作，只是科学研究工作，它引起了一种兴奋，使我可以暂时忘却或者完全解除自己日常的不舒服。所以，我觉得我所付出的一切都是值得的。”

大地震死里逃生

文/刘 冰

1835年2月，“贝格尔”号军舰驶别合恩角，沿着南美洲西海岸向前行进。2月20日，军舰到达了智利。

这一天，当达尔文和助手正躺在海边的森林里休息时，恐怖的事情发生了。

大地忽然震动起来，树木晃荡着，海中掀起了巨浪，达尔文感到头晕目眩——地震发生了！

当时的情景正如他后来用文字所描述的那样：

“猛烈的地震立刻打断了我的想法，这个大部分时间里坚固稳定的地球，现在竟好似液体表面的薄膜一样在我们的脚下摇晃起来。这一瞬间，我的心里忽然产生一种奇怪的摇摆不定的想法，这是平时经过几个小时的仔细考虑也不会产生的。”

在这次地震中，达尔文和助手都幸运地逃过了劫难，他们虽然都受了伤，但并没有生命危险。

3月4日，达尔文一行来到了智利的康塞普西翁港，目睹了地震给这里造成的破坏。房屋倒塌了，失去亲人的孩子们流浪街头，信仰基督教的人们在虔诚地祈祷着。

在人们的祈祷声中，达尔文忽然想到，自然界曾发生过很多次地震，是地震导致了地形的变化。亲历这次地震后，达尔文对科学和真理更充满了崇敬，他决心向上帝挑战。

这一时刻，达尔文内心开始有了一个大胆而又极富革命性的想法，他认为这样强大

的地震只是自然界中一个小小的变故，他认识到了自然界本身对物种的选择作用。

达尔文把自己的想法和经历写下来寄给亨斯罗教授：

“一个住在陆地上的人，只要看到这样的海岸形状，整个星期都会想到翻船、危险和死亡，从而忧心忡忡……”

亨斯罗教授在写给达尔文的回信中告诉他：“你的一切荣誉达到了最高峰。”

然而达尔文想到的并不是荣誉，他想看到更多离奇的景象，拥有更多的经历。但这次地震之后，他病倒了。此时“贝格尔”号舰上正发生着“经济危机”，达尔文的生命几乎丢在途中……

好不容易把病养好后，达尔文突破了原来的研究计划，开始把研究范围扩大。他脑子里需要考虑的问题实在是太多了，是什么力量创造了美丽的大自然？为什么动物、植物的化石虽然有着古老的历史却又和今天的那么相像？物种真是按照上帝创造的数目不增不减、千古不变的吗？

来到盐湖时，达尔文找出了这个湖产盐的答案，还和岛上的火烈鸟成了好朋友。这种鸟体形比较小，颈和腿细长，身上的羽毛很短，当地的高楚人把这种鸟称为鸵鸟。当达尔文告诉他们什么样的鸟才是鸵鸟时，这里的人又把这种鸟改称为“达尔文鸟”。

火辣辣的海岛上，正午的阳光烘烤着干枯、燥热的大地，达尔文顶着骄阳，闻着被阳光烤焦的植物的味道，在这荒凉孤寂的地方，做着艰苦的研究工作。

在帕戈斯群岛，他理解、同情黑皮肤的土著人，痛恨殖民统治者残酷地杀害和贩卖奴隶的行为，心中滋生出深沉的人道主义精神来。

他一路走着，唱着流浪的歌，每一个音符都是那么深沉、凝重，每一段曲子都记录着他一段刻骨铭心的经历。

就这样，达尔文边走边看，边学边记，他越过了“三大洋”，来到了澳大利亚，每到一处都有他独具慧眼的发现！

干"蠢事"的科学家

文/佚　名

达尔文是进化论的奠基人，他的科研成果令世人瞩目。可是，智者千虑，必有一失，达尔文也干过一件鲜为人知的"蠢事"。

达尔文在他的日记中记叙了这样一件事情：19世纪中叶，他曾周游世界。一次，他来到了非洲的一个原始部落，那里的人们没有衣服穿，住的是山洞，吃的是野果禽兽，过着茹毛饮血的原始生活。达尔文在那里住了几天，惊奇地发现了一些"新情况"：他们将老年妇女赶进深山老林，让她们自然饿死；在没有食物的时节，则将刚出生的婴儿或小孩分而食之。达尔文"看"不懂，就问他们为什么要这样做。部落首领通过当地的"翻译"告诉达尔文："妇女的任务就是生孩子，生下的孩子有两种用途：一是留下来延续种族的生命，二是供我们缺食的时候当粮食。妇女老了，不能生育了，留她有什么用？在闹饥荒没食物的时候，我们只有吃小孩，不吃小孩我们吃什么呢？"

达尔文痛苦地摇摇头，这里的人太残忍了！我要改变这种原始部落不尊老、不爱幼的局面。于是，他通过翻译，用高价买下了一个当地的男婴，将这个婴儿带回了英国，他要用现代都市的教育方式，使这个具有非洲血统的小孩变成一个"现代文明人"，然后，用这位"文明人"去改变他老家那种"弃老食幼"的原始现状。

16年后，这个非洲孩子长成了"文明青年"，达尔文通过熟人把他送回了他的家乡。

一年后，达尔文旧地重游，想去看看那个非洲原始部落，在自己委派的"现代文明青年"的领导下，是不是有了质的变化。可是，达尔文到处都找不到自己精心培养的那个非洲青年。最后，他问部落首领："那人是否来了这里？"首领回答："来了。"达尔文又问："他人呢？""我们把他吃了！"达尔文大惊："那么好的人，为什么吃了？""他什么都不懂，什么都不会做，我们留下他有什么用？"

到家后，达尔文在日记中写道："一个人的愿望和他所希望得到的结果并不成正比。一个种族遗留下来的疑难问题，绝不是依靠一个或几个'文明人'就可以解决的，从野蛮进化到文明，这其中是一个痛苦而又漫长的过程，欲速则不达。"

汉语喷嚏

英语课上老师为了提高同学们的口语水平，要求每个学生在上课的时候必须用英语说话。一位同学因为感冒在上课的时候突然打了一个喷嚏，这时他旁边的一位同学就站起来，很不服气地说："老师，他刚才用汉语打了一个喷嚏。"

远航归来的英雄

文/李　东

1836年10月3日，“贝格尔”号驶进英国的法尔茅斯海岸，站在甲板上的达尔文终于看到梦中熟悉的英国村庄，他的眼角湿润了。

“到了，终于到家了，我们终于踏上自己的国土了！”船上的人们大声欢呼起来。

10月5日，五年前为达尔文送行的亲人们又一次聚集在码头，达尔文回到了希鲁斯伯里，回到了亲人们的怀抱之中。

爸爸老了，鬓发花白，五年后，爸爸眼里的儿子是伟大的，成了家族的骄傲。

舅舅也来了，他的手里多了一根拐杖，可眼睛依然炯炯有神。

还有哥哥、姐姐和自己朝思暮想的爱玛，一瞬间，达尔文要说的话实在是太多了。

五年前那个皮肤白皙、健康开朗的小伙子，如今已变成一个又瘦又高、面色深棕、头发稀疏的年轻人。他所表现出的超出常人的坚毅与沉稳，让人不由自主地想到这五年来他所经受的各种苦难……

达尔文和亲人们小聚一天之后，就匆忙去见亨斯罗教授了。

之后，他开始写报告，写论文，整理旅

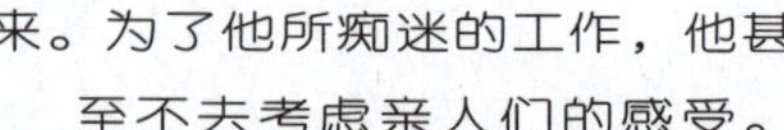

行日记和带回来的大批标本。

爸爸太想念儿子了，总喜欢走到达尔文的房间里，看着他工作。达尔文顾不上和爸爸长时间交谈，歉疚地说：“亲人见面让我高兴得头脑完全发了昏，可是带回来的这些标本却又不允许我有太多的空闲时间。”

爸爸说：“早在你回来之前，家中就收到了许多邀请你去做报告的信件。”

达尔文说：“我真的没有时间，我还要到伦敦去找一份工作，我要做的事情实在太多了！”

达尔文终于还是被一些科学家请去出席盛大的宴会。他在动物学会上做了《关于美洲鸵鸟》的报告，在地质学会上做了《关于智利海岸新的上升》的报告，宣读了《关于腐殖土在蚯蚓作用下形成的报告》……他认识了马尔萨斯和阿尔弗雷德，加入了林耐学会，并开始撰写第一本关于物种问题的笔记。

达尔文每天的时间都安排得紧紧的，连亲人们想和他说点知心话的时间都抽不出来。为了他所痴迷的工作，他甚至不去考虑亲人们的感受。

不过，同时他又不得不在疾病的折磨下成为爸爸的患者。

爸爸说：“你太敏感了，任何事情对你都能产生刺激和影响，这是最伤身体的。”

达尔文说：“不是我的思维有毛病，而是身体太糟糕了。”

爸爸说：“什么病症的发生都是有原因的，你这样拼命地工作，就是铁打的身体也会吃不消的。”

达尔文告诉爸爸：“心悸、多梦、失眠总是时时刻刻伴随着我。”

爸爸说：“消化不良、头昏眼花才是你真正的病症，你必须听我的话，按疗程服药，按时休息，否则你的头发会全部掉光，你将会成为一个年轻的小老头。”

达尔文听话地点了点头。

然而，达尔文并没有真的这样做，病还没有好，他就又开始工作了，这些病症后来一直伴随了他一生。

对此，达尔文说：“我习惯于勤奋劳动和专心致志于自己所从事的工作，我所思考和阅读的一切，同我所见到的和可能见到的情况有直接关系。在五年的航海生活中，我一直保持着这种思维习惯。我确信，正是由于这种训练，我才能在科学方面取得现在的成就。”

用五年时间去做环球考察，达尔文独守着那份执著，终于成为英国科学界冉冉升起的新星。归来后的达尔文再也不是那个跪在爸爸面前苦苦哀求的小伙子了，他所到之处都有鲜花和掌声。五年的耕耘，终于让达尔文有了沉甸甸的收获！

爸爸怎么样了

女儿去住宿学校上学，临走把一盆盆栽和热带鱼交给我。一周之后，她打来电话时我告诉她盆栽死了。又过了一段时间，我又遗憾地告诉她热带鱼也死了。她沉默了一会儿，问道：“那么爸爸怎么样了？”

物种起源之谜

文/佚　名

远航归来的达尔文在希鲁斯伯里、梅伊尔、伦敦和剑桥度过了很多难忘的日子。与家人、亲戚、老师、朋友久别重逢的喜悦，是难以用语言来形容的。不过，他并没有太多时间沉溺在这些欢喜中。他从“贝格尔”号舰上带回的一大堆岩石、化石、动物标本、植物标本都在等着他去鉴定，环球航行中记录下来的一大本一大本的科学考察日记都在等着他去整理出版，珊瑚岛形成的新理论也在等着他写成论文去发表……

他来到剑桥大学，一开始住在亨斯罗教授的家中，后来在剑桥街上找了一所房子住下。为了学生的事业，亨斯罗教授到处奔波。他帮助达尔文寻找协助整理标本的专

家。他帮助达尔文向财政部申请拨款资助出版《“贝格尔”号舰上的动物学》一书。他甚至替达尔文谋到了一个高贵的职位——英国地质学会的秘书。不过，达尔文谢绝了这个可以拿薪俸的职位，而宁愿做一个义务秘书。他不想把宝贵的时间花在无意义的社交活动上。对于他正在从事的科学研究工作而言，每个小时都是无比珍贵的。他牢记着自己的格言：“一个懂得生命价值的人，绝不会把一个小时的光阴白白浪费掉。”但是，靠什么生活呢？好在他有一个值得敬佩的父亲，愿意在他自立以前供养他。达尔文把全部精力都投入他所热爱的科学研究活动中去了。他要研究神秘的自然界中最神秘的问题：生命起源和物种起源之谜。世界上的鸟类、爬行类、哺乳类，还有那些花儿、草儿，它们的祖先是谁？它们以前100代是什么样子？它们的前100万代又是什么样子？

5年的环球航行，让他产生了物种可以变异，物种不是上帝的创造物，《圣经》不可信的思想飞跃。但是，这还不足以解决物种起源的问题。既然物种不是由上帝的力量分别创造出来的，那么，到底又是靠什么力量创造出来的呢？是的，物种可以发生变异，但是仅仅有变异还不能形成物种呀！物种发生变异后，自然界是通过什么方法使变异形成新的物种呢？

达尔文决定首先从研究家养的动物和人工栽培的植物入手，弄清它们在人工的干预下形成的动植物品种是从哪里来的，是怎样发生和发展成现有的品种的。

那时，英国的资本主义农业开始发展起来。在资本家经营的大型农场里，采用人工的方法改良旧品种，培育新品种，以谋取利润。鸡、狗、鸽等新品种培育俱乐部在英国各地陆续成立。这些俱乐部举办了各种选种展览会，颁发选种奖章。人们通过大量的选种工作，培育了很多马、牛、羊、狗、鸽和鸡的新品种。短角牛、细毛羊、大白猪等新品种相继推出，斗鸡、飞鸽、跑狗竞相争胜，千百种观赏花卉斗艳争奇。

达尔文深入这些选种俱乐部去，进行了系统的调查研究工作。他拜访了许多优秀的动物饲养家和植物育种家，请他们填写家养动植物新品种培育经过的调查表。他还亲自饲养鸽子，参加了两个养鸽俱乐部，对鸽子进行细致的研究。为了搜集不同品种的鸽子，他写信到美洲、印度、波斯去购买特殊品种的鸽子标本，托人从中国福建、厦门给他寄去鸽子的标本，向朋友索取死去的稀有鸽子的尸体等。在研究中，他还查阅了大量古今学者的著作，翻遍了他所能得到的中国、埃及、印度等欧亚许多国家的资料。他通过15个月的研究，很快就明白了人类成功的关键在哪里。原来，人类通过选择那些对人有利的变异，并使变异一代代积累，从而培养出了对人类有用的新品种。他把人类的这种选择称之为人工选择。

达尔文终于找到了人类培育动植物新品种的关键，可是，自然情况下的生物，又是如何形成新物种的呢？这对达尔文来说，仍是一个未解之谜。为了解开物种起源之谜，达尔文将继续进行大量的研究工作。

鸡过河

小偷偷了一只鸡，正在河边给鸡拔毛，这时一名警察走了过来，小偷急忙把鸡扔到了河里。

警察问：“你在干什么？河里是什么东西？”

小偷说：“那是一只鸡，它要过河去，我在这里帮它看衣服……”

幸福的婚姻

文/董仁威

1838年10月的一天，达尔文离开剑桥，到梅伊尔的花园中去会见爱玛。

他们沿着湖滨小径在空旷的花园里慢慢地走着。忽然，达尔文指着地面上那些被蚯蚓翻耕过的土地，说："爱玛，你看，这里原来是一片草灰和煤渣。如今，这些东西不见了，被蚯蚓翻耕到土壤以下几厘米的地方。我感到非常奇怪的是，蚯蚓怎么能够把这些草灰和煤渣翻耕到地面以下这么深的地方去呢？"

达尔文和爱玛像两个大孩子一样，用手拨弄起蚯蚓翻耕过的土地来。达尔文怎么也想不明白，蚯蚓是怎样耕耘的。他叹息了一声，说："真是不可思议。"

聪明的爱玛笑了笑，用柔和的声音说："这有什么不可思议的呢？你真是聪明一世，糊涂一时。这是蚯蚓在地里把那层草灰和煤渣下面的土壤掏空了的结果。蚯蚓将地下的泥土掏空的时候，地面上的草灰和煤渣就往下沉。同时，蚯蚓到地面上排泄的时候，又把地面下的泥土带到地面上来。"

达尔文抬起头，惊诧地盯着爱玛。他的眉头舒展开来，脸上露出了微笑。他有一个多么聪慧的未婚妻啊，她竟轻而易举地解决了自己不解的问题。他兴奋地抓住爱玛的手，深情地望着她。

爱玛的脸蛋变得更红了，她拉着达尔文的手一起走到湖滨的一条长椅上坐下，对着波光粼粼的湖水，谈起心来。

"达尔文，我父亲准备给你在教堂里谋取一个职位，你愿意吗？"

"不。我不做牧师。我不愿意去宣传《圣经》上那些我自己都不相信的'真理'。"

"达尔文，听说你已经谢绝了当地质学会的秘书，现在你又不愿意当牧师，你准备从事什么职业呢？"

"爱玛，我不想从事任何职业，我将终身独立进行科学研究工作。"

"达尔文，我并不反对你从事科学研究工作。可是，谁给你科研经费，谁给你养家糊口的薪俸呢？我们总不能老是依靠父母生活呀！"

"我想，我能够逐步自立的。我可以靠写书获得稿酬，用稿酬来养家糊口，用稿酬来做科研经费。当然，稿酬的收入是不固定的。爱玛，你能够同我这样一个没有职业、没有固定收入的人生活在一起吗？"

"达尔文，不管你选择了什么道路，过什么样的生活，我都不在乎。你去从事你心爱的事业吧，我会尽力帮助你的。"

1839年1月29日，在达尔文三十岁生日前夕，爱玛和达尔文结婚了。婚后，他们在伦敦租了一所普通的狭小的房屋住下。他们过着甜蜜而平静的生活。达尔文日日夜夜伏案撰写科学著作。爱玛精心料理家务，使他不为日常的衣食操心。不仅如此，爱玛还是他科学工作的一位聪明的顾问和助手。她对达尔文的著作和论文提出意见，帮助他抄写书稿，校对出版社寄来的校样。

和谐的生活，亲密的默契，辛勤的劳动，产生了丰硕的成果。达尔文在回国后的短时间内，发表了大量的论文和著作。

拿孩子做“实验”

文/成全龙

1839年12月27日，他们的第一个孩子乔治诞生了。达尔文在惊喜之余，很快发现这个活泼的小家伙可以作为自己的科学研究对象。多么稀罕的想法，他要研究婴孩的表情问题！

乔治一诞生，他就开始记录儿子的各种表情和动作。在最初几天里，他记录下儿子打喷嚏、打嗝、打哈欠、伸懒腰、吃奶、叫喊这些反射动作，同时，观察在发生这些动作时肌肉的活动情况。到第七天，他开始在儿子身上做实验了。他用一片纸去触动儿子的脚。他发现，儿子很快把脚缩回去，脚趾挤在一起，像年纪较大的小孩在受到搔痒时发生的情形一样。他还用一只装有糖果的硬纸匣在儿子的面部附近摇动，发出一阵“乒乒乓乓”的声音来，他发现儿子由于受了惊吓全身颤抖起来，双眼不停地眨动。他把这些情形详细地记录在自己的笔记本上。

父亲的实验，常常揪痛母亲的心。有一天，达尔文守在儿子身边，观察儿子的表情。突然，他忍不住打了一个喷嚏。儿子受到了强烈的惊骇，身体发生了剧烈的颤抖，“哇哇”地大声哭叫起来。爱玛正要去安抚儿子，达尔文拦住了她，说：“别急，我正缺少孩子惊恐时面部表情肌的活动情况记录呢！”

说完，他弯下腰，仔细地端详起儿子面部的肌肉、眉毛的位置、小嘴唇的张合来。爱玛夺过达尔文的记录本，气冲冲地丢到床上，抱着儿子哄拍起来。儿子的哭声仍然不止。从小就听不得人类哭喊声的达尔文从科学的迷恋中醒悟过来，作为科学家的达尔文重新变成了作为父亲的达尔文。他从爱玛怀里抢过孩子，温和地啊啊叫着，在屋子里旋起圈儿来。儿子的哭声居然很快止住了，乔治那双亮晶晶的泪眼里露出了笑意。

“看，爱玛，他笑了，他笑了！”达尔文望着满脸愁容的爱玛，快乐地嚷道。

爱玛转怒为喜，对丈夫笑了笑，责备道：“你这科学疯子呀，真拿你没办法。”

这次意外事件并没有打断达尔文对儿子表情问题的科学观察。一年后，他们又有了一个可爱的女儿。这个取名安妮的孩子，得到父亲更多的宠爱。他的观察材料更丰富了，他可以对照男孩女孩不同的表情活动，得出一些重要的结论。这时，达尔文的身体开始出现了虚弱的迹象，一遇激动和工作过度，他就头晕、目眩、呕吐、胃痛，全身剧烈地颤抖。疾病经常打断他的工作。特别是那些不得不去参加的社交活动和频繁的应酬。1842年，他又一次病倒了。他躺在病床上对妻子说：“爱玛，雾伦敦不是我们的乐园。我成天躺在病床上，什么也不能做。我们还是搬到偏僻一点儿的乡下去住吧！”

后来

在外面待了一个星期的村民，脚步蹒跚地回到家里，衣着不整，筋疲力尽。

“你到哪里去了？”他妻子问。

“我到树林里去查看酿酒蒸馏器，一头大熊突然在我面前出现。我拼命逃跑，终于摆脱了它。我从来没有跑过那样快！”

“那是一星期以前的事，后来你到哪里去了？”村民倒在椅子上，说：“走回来！”

被孩子们嘲笑的父亲

文/谢芳群

1842年，达尔文夫妇在伦敦郊外肯特郡的唐恩村买下了一座名叫唐恩花园的别墅，这里离伦敦约24千米，交通方便，新修的铁路线向远方延伸着。这个新家有着浓重的田园风味，到处散发着恬静幽雅的气息，搬来这里是他们最好的选择。

9月14日，达尔文一家带着仆人约瑟夫·柏斯劳搬进了新家。

在唐恩花园，达尔文的身体渐渐好了起来，他的脾气也有了好转。爱玛成了孩子们的启蒙老师，达尔文一有时间也会给孩子们讲故事，教他们认字，给他们讲做人的道理，把他们送进最好的学校去接受教育。

达尔文说：“从教育人的方面看，我反对学校的主要理由是经典课程时间占了很大的比例。我想，这会使孩子们受到那种恶劣和褊狭的影响，妨碍任何需要推理和需要观察的兴趣的产生，受到训练的只是记忆力。

我一定要为我那几个较小的孩子找一所教授多样课程的学校。”

这是达尔文总结自己的经验教训后，在教育子女时发出的感慨。的确，在唐恩花园里，孩子们享受到天伦之乐的同时，也接受到了优质的启蒙教育。

有一次，达尔文走进起居室时，看见5岁的伦纳德正在那张红丝绒沙发上蹦蹦跳跳。

“伦纳德，我告诉过你，我不愿意看到你在那张沙发上乱蹦乱跳。”

“那好，爸爸，如果你不想看到我，我想你离开这个房间就是了！”

伦纳德的回答没有得到一顿打或者骂，相反，是达尔文欢快的笑声。

孩子们对达尔文的研究都非常感兴趣，他们常常聚在达尔文的周围，仔细地看着达尔文使用各种器械做实验。达尔文趁自己工作的机会，向孩子们灌输博物学的知识。他鼓励孩子们自己动手去采集标本，他们知道这是最好的培养兴趣的办法，这一点达尔文自己深有体会。唐恩花园树木繁多，草木丰盛，有着好多神奇的昆虫。

几个男孩子都是捕捉蝴蝶的能手，就像达尔文小时候采集甲虫的本领一样高强！但是和绝大多数收集蝴蝶的小朋友一样，他们看不起低级的采集甲虫的家伙。哈哈，这样达尔文就常常成了孩子们嘲笑的对象。

达尔文教几个孩子使用显微镜，这使他们十分入迷，特别是当他们看到爸爸的解剖刀挖出来某种隐藏的脏器时，更是高兴得不得了。有一段时间达尔文专门研究一种甲壳类动物——藤壶。由于达尔文每天都在说“甲虫纲的藤壶”“甲虫纲的藤壶”，孩子们就把藤壶叫成“爸爸的藤壶”。

最大的孩子威廉是一个爱独来独往的孩子，他喜欢在邻居的小道上漫游，因而逐渐熟悉了方圆几千米的每一所房子。一天，他回来吃晚饭时，显出一副心事重重的样子。

“爸爸，您知道住在村南的蒙特皮切尔先生吧？他的小屋的窗户总是打开的，他整个上午都坐在那里啪嗒啪嗒地抽烟斗，什么也不做。”

“可能他已经退休了吧，威廉。”

“可是他什么时候才搞他的藤壶呢？”

爱玛哈哈大笑起来了。

“达尔文，你看到了吧？这几年由于孩子们注意你的工作，所以他们认为每个人的工作都是解剖藤壶。他们都不知道区别事物了。”

“他们会知道的，假如我能设法完成这项永无休止的工作。”达尔文也哈哈大笑起来。

达尔文的身体始终不大好，常常需要到外地治疗。爱玛因此不许达尔文抽鼻烟，把他的鼻烟都从他的书房里拿走，放在外面的窗台上。

安妮是达尔文最大的女儿，她每次溜进爸爸的书房时，手里都捏着一撮偷来的鼻烟，她看着爸爸，眼睛微笑着，因为她知道自己干的坏事让爸爸高兴了。她是一个热情欢快的孩子，达尔文闲下来时，她就坐在达尔文的膝盖上，花半个小时为爸爸梳头发；她还喜欢和爸爸一起到沙径散步，像只小鸟一样，一会儿飞在爸爸的前面，一会儿在爸爸身边旋转着。

对达尔文来说，除了工作之外，最幸福的时刻就是当天气好时，和妻子、孩子们一起散步。孩子们蹦蹦跳跳地在沙径上玩耍，别提多可爱了！

遗 嘱

文/佚 名

繁重的工作不断危害着达尔文的身体，他的健康状况越来越差了。

为了让他尽快好起来，爱玛为他弹琴，给他读小说，陪他散步，让达尔文享受到了母亲般的爱。

有一次，又一次病倒的达尔文深情地对妻子说：“爱玛，你这样精心地照顾我，让我觉得即使生病也是快乐的。”

爱玛说：“千万别说这些让我心痛的话，虽然只有在你生病的时候，我才能有更多的时间和你在一起，但是我宁愿少和你在一起，也不想让你的肉体饱尝病痛的折磨。”

达尔文说：“你是世界上最美好、善良的妻子，你比黄金还要宝贵。”

爱玛说：“能够为你生儿育女，是我最大的荣耀，能为你的家庭和事业贡献自己的一切，是我最大的快乐。”

达尔文说：“正因为我生活在美丽的唐恩花园中，有你陪伴左右，才能写出有巨大影响力的著作，离开了你，我的作品根本就不可能诞生。”

爱玛对达尔文的温存体贴“感动”了上天，达尔文一次又一次挣脱了病魔。

在环境宜人的唐恩花园里，达尔文的身体好多了，可胸痛和头晕还时常出现。

为此，爱玛为达尔文制定了科学的作息时间表：早晨7点起床，在花园里散步，7点45分吃早饭，8点半到11点半工作；中午休息时由爱玛陪着散步或者朗诵小说；下午1点半到4点工作；晚饭后听爱玛弹钢琴，或者和爱玛下棋，5点半到7点半工作，10点就寝。

1842年秋天，达尔文开始写他访问过的火山岛的地质方面的著作，完成了《贝格尔号航行地质学》《火山岛的地质考察》《南美洲的地质考察》《1842年概要》等书。

达尔文 孜孜不倦 自然之子

1844年秋天，达尔文开始写作《物种起源》的论著提纲，他研究了自然选择和地理分布那几节，得出了正确的判断，只等有时间用文字把这些理论表达出来。可这时他又一次病倒了，而且病得很重，甚至让达尔文想到了死！

在和疾病作斗争时，达尔文想到死也许是快乐的，可是一想到自己的著作还没有写完，他就害怕自己会死去。

“如果我真的死了，我提出的理论与大多数学者的看法不一致，他们就不能接受。那样一来，即使我的书出版了，也不会有支持者。如果我死了，就没有时间解释、阐述我的观点了。”

爱玛流着泪说：“我相信上帝是不会让你这样优秀的人才这么早就去世的，你会有很多时间来写《物种起源》的。”

达尔文说：“我学过医，清楚自己的身体状况，我舍不得没有研究完的课题，还有孩子和你，如果我突然死了，我的理论、我的思想、我的工作、我的妻子、我的孩子怎么办啊？不行，我要写遗书！”

虽然爱玛极力反对，可达尔文还是挣扎着坐起来，开始写遗书，他写道：

“我愿意让亨斯罗教授来出版我的概要，我希望莱尔先生能做书的编者，伦敦的福勒斯是第二个合适的编者，虎克博士是一个好人，司却克兰先生是一个可亲近的人……我在刚写完的物种理论的概要中提出了一个全新的理论，如果将来的人们能够接受我的理论，那将是科学史上的一大进步。如果我突然死去，那么这封信就算作我最庄严的遗愿。我请求爱玛拨出400英镑来做出版的费用，希望你把我的概要和这笔钱一起交给一个合适的人，以便促成他去努力修改和扩充概要。我将把我在博物学方面的书籍全部交给他，这些书上画着着重线，指出了应当留意检查和注意的页码……”

遗书写完了，亲人们伤心欲绝，这时的达尔文毕竟才35岁啊！

爸爸亲自赶来唐恩花园为他进行治疗，科学院也极力想办法为达尔文寻找良医。

后来，在一位医生的推荐下，达尔文接受了慕尔公园维持健康的最有效的方法，用矿泉水进行辅助治疗，他的病终于渐渐好起来了！

当达尔文重新进入工作状态时，他说：“我的生活过得就像时钟那样规则，当我的生命告终的时候，我就会停在一个地方，再也不动了。”

当不再被病痛折磨时，工作成了达尔文最大的乐趣。事后，当人们目睹达尔文兢兢业业工作的样子，再回过头去想想他写遗书的事，会认为他的遗嘱立得太早了，然而这同时却成了达尔文苦苦探索物种规律的见证。这封遗书永远留在亲人和朋友们的记忆中，成了一个很有意思的历史故事。

奖励的理由

爸爸，我要雇你玩一会儿

文/孙永波

达尔文还没到晚年，就已经疾病缠身，但为了科学事业，他努力活了下来。他的身体状况时好时坏，可只要身体允许，他就拼命地工作。他除了不断写一篇篇科学论文，出版一本本科学著作外，仍然把主要精力放在研究物种起源的问题上。为了磨利战斗的武器，他全力阅读各类书籍，做各种各样的实验，搜集进化论的相关事实。他不仅研究家鸽的起源，还研究狗、猪、马、牛等家养动物的起源，研究谷类、小麦、花卉的起源，研究各种野生动物、野生植物的起源。

资料十分浩繁，工作量大得惊人。达尔文虽然身患重病，但以超人的毅力，抓紧身体状况许可的每一分钟，顽强地为创立物种起源的理论奋斗着。他为自己制定了严格的作息时间。在工作的时候，不管是亲戚还是朋友，不管是爱玛还是孩子们，都不能随便进入他的书房，打扰他的工作。

大人们当然不会轻易打扰他，但孩子们有时就不会那么听话了，尤其是达尔文的孩子那么多，并且各自具有不同的性格。

为此，爱玛规定：每天清晨，除了打扫卫生的仆人外，其他人不许进入达尔文的房间。爱玛叮嘱孩子们说："当你们经过爸爸的房间时，一定要轻手轻脚……"

孩子们听话地点着头，妈妈平时对他们非常严格，他们不敢违反这个规定。

有一天，在规定的时间里，女儿安妮推开房门，悄悄地走到达尔文身边，亲热地喊了一声："爸爸！"

正在专心看书的达尔文被女儿突如其来的声音吓了一跳，他轻轻抬起头，看着女儿纯洁透明的浅蓝色眼睛，温和地责备道："安妮，你怎么跑进来了？你看，你把爸爸的工作打断了，你知道这会造成多大的损失吗？"

安妮没有回答父亲的问题，而是伸出一只胖乎乎的小手，张开手掌，天真地说道："爸爸，我赔偿你的损失。你看，这是我攒下来的六个便士，我把它们都给你，雇你陪我玩一会儿，好吗？"

达尔文放下手上的书稿，俯身把女儿抱起来，亲亲她那红扑扑的小脸蛋，说："好，安妮，爸爸今天为你破例一次，提前结束工作。让我们一起去玩个痛快吧！"

父女俩来到榛树、赤杨树、菩提树组成的树林里，跑啊跳啊，尽情地享受着美好的时光。

跳　伞

空中跳伞造型学校的教员在上完第一节课后，询问学员是否有什么问题。

"我们每跳一次要交多少钱？"一学员问。"10块！"

另一学员显得有点紧张，站起来问："如果在跳伞时打不开降落伞怎么办？"

"不要担心，如果打不开降落伞，我们会把钱退给你。"教员答道。

痛失爱女

文/佚　名

繁重的工作加上疾病，使达尔文的身体一天天虚弱下去。当他最亲近的父亲于1849年11月13日逝世时，他已经卧床不起了。糟糕的身体状况使他无法参加父亲的葬礼，这令达尔文伤心欲绝。在父亲去世的沉重打击下，达尔文的病情严重恶化了。他的神经系统开始受到疾病的影响，全身肌肉经常不由自主地痉挛，手不停地发抖，头不时感到眩晕。

为了帮助达尔文恢复健康，爱玛想尽了一切办法。后来她听说在离唐恩不远处一个叫艾克雷的城镇上，有一位名叫葛利的医生，开设了一家施行冷水疗法的医院，治好了很多奇怪的病人。于是她把达尔文带到艾克雷，在那里租了一所房子住下来，让达尔文进行冷水治疗。之前无论吃什么药都没有效果的达尔文，竟然在接受冷水治疗后暂时恢复了健康。

这一段时间内，医生只允许达尔文每天工作两个半小时。其实，就算医生不限制，他也无法工作更长的时间。医生规定他每天

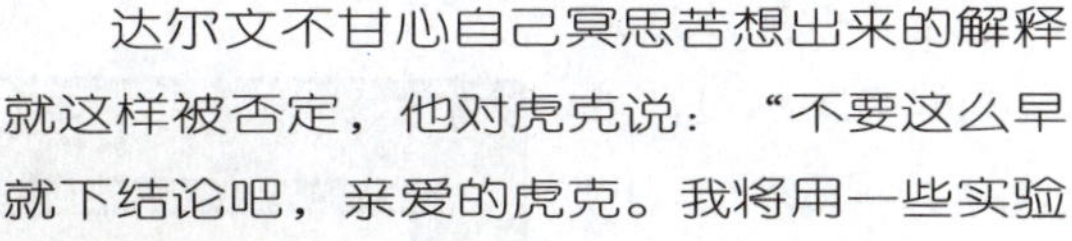

进行一次冷水喷浴、一次日光浴、三次散步，这些已经使他的疲惫达到了极限。

不过，达尔文绝不愿意浪费死神留给他的任何一点儿可以利用的时间。他振奋精神，又开始着手解决一个新的难题了。这个难题和他解释加拉帕戈斯群岛独特的生物品种由来的理论有关。加拉帕戈斯群岛距南美大陆一千六百多千米。按照达尔文的理论，群岛上那些独特的生物品种都是从南美大陆传过去的，并且在那里发生了物种的变异，然后通过自然选择的作用，形成了新的物种。“但是，南美大陆上的这些植物种子是怎么到达遥远大陆的孤岛上去的呢？”朋友莱顿提出的这个问题，让达尔文伤透了脑筋。

这一天，朋友虎克来访，达尔文带着爱女安妮，和虎克一起在书房外的树林小径上散步。达尔文总是忘不了那个已经使他失眠许多天的难题，对朋友说道：“亲爱的虎克，你看，莱顿提出的这个难题可不可以这样来解释？大陆上植物的种子可以随着洋流漂到岛上去。据说，从墨西哥湾出发的洋流每天能走八九十千米。按照这样的速度，用不了半个月，南美大陆的种子就可能随着洋流漂到加拉帕戈斯群岛。你觉得这样的解释合理吗？”

虎克是位植物学家，达尔文常常向他请教有关植物学方面的问题。虎克听了达尔文的解释之后，轻轻摇了摇头，发表了内行的意见：“这是不可能的，我的朋友。在盐水里泡了十多天的种子，一定会腐烂。这样的种子是没有发芽能力的。退一万步讲，即便它们能保持发芽的能力，但种子在漂流的过程中，也势必会沉落到海底。”

达尔文不甘心自己冥思苦想出来的解释就这样被否定，他对虎克说：“不要这么早就下结论吧，亲爱的虎克。我将用一些实验来证实这一观点。”

“我敢打赌，你的实验是不会成功的。”虎克满有把握地说。

“打赌？”达尔文爽朗地笑起来，“好，如果你赌输了怎么办？”

“如果我输了，我就把你用盐水泡过的种子长出来的苗株吃下去。但是，你输了又怎么办呢？”虎克也开玩笑地说。

“如果我输了，我就把那些泡涨泡烂的臭种子吃到肚子里去。怎么样？”

“好，一言为定！”虎克和达尔文击掌为誓。一对朋友都为这场有趣的打赌开心地哈哈大笑起来。

正在树林草地上跳舞的安妮，听到笑声以后，好奇地跑过来，问：“爸爸，你们在笑什么呢？”达尔文把他与虎克打赌的事告诉女儿，安妮高兴地跳起来，笑着嚷道：“爸爸一定会战胜虎克博士的，让虎克博士去吃那些小草吧！”

三明治

海关官员拦住一位旅客，并问他是否带有应报关物品。

“没有。”旅客答道。

“您肯定没有吗？”

“当然。”

“那么你身后的这头耳朵上夹着面包片的大象是怎么回事？”

“先生，我的三明治里夹什么东西完全是我自己的事！”

这些被盐水浸泡过的种子果然没有辜负纯真的孩子们的希望。浸泡过七天的种子发芽了！浸泡过二十一天的水芹种子和葛芭种子也发芽了！孩子们围拢在饼干盒前，拍着小手，像一群小麻雀一样，唧唧喳喳地喊道："虎克博士输了！虎克博士输了！让他来吃掉这些小草吧！"

可惜的是，孩子们高兴得太早了。海水漂流实验没有种子发芽实验那么顺利。这天，孩子们聚精会神地围在一个大水缸前看爸爸做实验。达尔文用一根木棍使劲儿拍击缸子里的盐水，使缸子内掀起像海浪一样的波涛，然后孩子们轮流把父亲分发的种子丢到盐水里去。"哎呀！"孩子们惊呼起来，那些倒霉的种子果然浮不起来，一颗接一颗地全都沉到缸子下面去了！

实验结束了，达尔文和孩子们围坐在大缸边，面面相觑。像父亲小时候一样热衷于捉甲虫、做生物实验的小儿子法兰士，瞪着失望的大眼睛，为难地说道："爸爸，现在该怎么办呢？您得把这些倒霉的种子吃下去呀！"

达尔文从盐水中捞起一些种子，一面往嘴里放，一面说："啊，儿子，爸爸输了，应该受罚，让我把这些臭种子吃下去吧！"

天真的安妮当了真，她着急地一把抓住爸爸的手，大声说："爸爸，您真不害羞，竟然吃这样脏的种子，这太恶心了呀！"

这天晚上，达尔文又一次失眠了。直到清晨，他才迷迷糊糊地进入了梦乡。在蒙眬中，他依稀看到一条鱼儿在他的水缸里游来游去，大口大口地吞食着孩子们撒下去的那些种子。这时，一只鹭鸶飞了过来，一口将这条鱼儿吃掉，然后飞到了几百里外的小岛上。啊！鹭鸶把嘴里的鱼儿吐出来了。这条鱼儿还活生生地在地上乱跳呢。鱼儿一边跳，一边把它先前吃进去的那些令人恶心的臭种子吐了出来。这些种子很快在海岛上发了芽。原来如此！正在达尔文兴奋于问题得到合理的解释时，一阵呼喊把他从梦幻中带回了现实世界。爱玛唤醒他，告诉他一个让人心烦意乱的消息：安妮病了！

安妮的病打断了达尔文的所有实验。一开始，安妮的症状并不明显，只是经常呕吐，这是达尔文经常经历的，他和爱玛屡见不鲜，所以并不认为这是什么大事。但是，安妮的病很快就变成了可怕的低热症。他们请了很多医生来诊治也不见好转。到第十天的时候，安妮已经奄奄一息，生命危在旦夕了。达尔文寸步不离地守在安妮的病床前，无可奈何地望着生命垂危的孩子，心痛欲绝。多么可爱的女儿啊！在这么严重的疾病面前，10岁的安妮好像一个小天使一样，从来没有抱怨过一句，她体恤日夜守护着自己的父母，用温柔的态度感谢着父母为她所做的每件事。后来，她连说话的力气都没有了，她睁着那双纯洁的眼睛，用温柔的目光

看着父亲。达尔文忙把一杯水递到她那干裂的唇边。安妮艰难地喝了一小口水，可爱的小嘴唇翕动着，发出了非常微弱的声音："太好了，爸爸，我十分感谢您。"

达尔文心痛地问："感觉好一些了吗，安妮？"

安妮安慰父亲道："我没事的。您不要为我累坏了，不要因为我耽误了实验。爸爸，您战胜虎克博士了吗？"

"我会战胜虎克博士的。"达尔文的脸上露出了惨淡的笑容。

安妮轻轻笑了一下，不再说话，静静地闭上了双眼。达尔文惊恐地摸了摸女儿冰凉的手。脉搏没有了！他拿起听诊器，去听女儿的心跳。心跳也停止了！听诊器"啪"的一声掉到地上，达尔文昏了过去。

达尔文一连在床上躺了很多天，什么事也做不了。一天下午，他躺在会客厅里的长沙发上午休。蒙眬之中，他看到死去的安妮旋舞着，从书房外树林里的小径中向他跑过来，嘴里喊着："爸爸，您战胜虎克博士了吗？"

达尔文一惊，猛地醒了过来。可他故意没有睁开眼睛，希望再次在梦中看见安妮。安妮几乎天天都要在他午睡时入梦，从树林中的小径上旋舞着向他跑来，嘴里一直喊着她死前说的最后一句话："爸爸，您战胜虎克博士了吗？"

该怎样回答安妮呢？达尔文终于睁开眼，只见一缕阳光从窗户中射进来，一直照到金鱼缸上。一条小金鱼正在吞吃着水中的小草。安妮病前在他梦中出现的景象再次显现在他的面前。难道真的是鱼儿吃了小草的种子，鸟儿又吃了鱼儿，鸟儿再飞到海岛上，排泄掉未消化的种子，这样把大陆上的物种带到海岛上去的吗？

达尔文挣扎着从床上爬起来，继续进行实验。他从鱼缸中抓出一条鱼，蹒跚着走到解剖台前。他拿起剪刀，高抬肘部，稳住颤抖的双手之后，敏捷地取出了鱼的内脏。然后他把鱼肠中的东西放到显微镜下观察。啊，果然如此，鱼儿肠中有许多水草的种子，鱼儿真的很爱吃水草的种子！他马上又从鱼缸里抓了一条鱼儿，往它的嘴里塞了一些玉米。然后，他把这条鱼儿喂给了一只鹤。之后不久，他收集了这只鹤的排泄物，发现玉米被原封不动地排泄了出来。他把这些在两个动物体内游历过的玉米放到饼干盒中，做发芽实验。几天之后，玉米果真发芽了，实验成功了，植物种子从大陆传到海岛上终于有一个合理的解释了！达尔文疲倦地坐到椅子上，捧着前额宽阔的大脑袋，在心中默默地祝愿着："亲爱的小宝贝呀，明天爸爸午睡的时候，你再从小径中旋舞着跑到爸爸的怀抱里来吧。那时，爸爸将告诉你一个好消息，爸爸已经战胜虎克博士了。"

图/蔡子君

达尔文家族的烦恼

文/吴 妮

近亲结婚害了进化论鼻祖

达尔文虽身为“进化论之父”，为人类遗传学带来革命性改变，但达尔文家族却遭遇遗传的“诅咒”——达尔文的十个小孩中有三个夭折，其家族的62名后人中，38人没有孩子，以致这个显赫的家族日渐式微。

近日,美国《生物科学》杂志刊登了美国和西班牙研究者的一项发现：家族谱系中频繁的近亲结婚行为是导致达尔文家族悲剧的根源。

家谱泄露天机

1838年，29岁的达尔文向他的表姐，聪明美貌、富有修养的爱玛·韦奇伍德求婚，两个人结为伉俪，婚姻幸福。

然而这个家族的后代却被不幸所笼罩。从1839年到1858年，达尔文和爱玛一共育有十个子女，三人夭折。其中，达尔文最宠爱的长女安妮在十岁时因患肺结核死亡，安妮去世前的一个月里，达尔文彻夜守护在她的床边，眼睁睁地看着女儿在自己的怀抱里去世。后来，这位生物学家在书中写道，“整个家庭因此失去了欢乐”。

安妮的妹妹玛丽出生后23天便夭折，她的弟弟查尔斯一岁半时感染了猩红热而去世。活下来的孩子大多体弱多病，其中三名子女在婚后多年不育。

经过整理家族谱系，人们发现，在达尔文家族的62名后人中，38人无法生育。

美国俄亥俄州立大学动物学家蒂姆·贝拉和圣地亚哥德康波斯特拉大学研究员贡萨洛·阿尔瓦雷斯、弗朗西斯科·塞瓦略斯查看了达尔文及其妻子韦奇伍德家族的族谱，比照了两个家族四代人、25个核心家庭的176名成员。

家族溯源发现，达尔文的外祖父和外祖母都姓韦奇伍德，属三代旁系血亲。达尔文的母亲原姓韦奇伍德，嫁给了达尔文家族，而达尔文本人又娶了韦奇伍德族人、他的嫡亲表姐爱玛为妻。研究人员将达尔文和韦奇伍德家族的联系输入一个特制的电脑程序，计算出两个人的“近亲系数”为0.063。也就是说，达尔文的孩子从父母身上继承的基因中，有6.3%的基因是相同的，这些孩子都属于“中等级别近亲结婚的产物”。

按照现代遗传学的常识，我们都知道，血缘相近男女生育的后代出现遗传性疾病的概率更高，对于疾病的免疫力更低。

因此，近亲联姻很可能是达尔文家族后代孱弱的一个主要原因，他的家庭里孩子的死亡率为30%，比当时平均儿童夭折率高了两倍。

进化论鼻祖的预感

达尔文本人对此也有察觉，事实上，他

小狼捕猎

一只小狼从小吃素，狼爸狼妈绞尽脑汁训练它捕猎。终于有一天，狼爸狼妈欣慰地看着儿子抓住了一只兔子，之后小狼凶相毕露地说：“小子，把胡萝卜交出来。”

在生物学研究中已经发现，那些杂交植物的后代，相对于非杂交植物的后代，基因更加优越、更健康、更具有活力。达尔文家族的现状，似乎从反面佐证了达尔文自己的发现。

研究者的报告说，达尔文意识到近亲结婚的弊端，怀疑正是自己与妻子的血缘关系导致后代的悲剧。“查尔斯·达尔文记录了无数个植物同系繁殖的恶果，这使得他开始担忧自己和自己孩子的健康问题。”蒂姆·贝拉博士说。

在达尔文生活的19世纪，富裕家族堂表亲联姻并不罕见。据统计，当时英国有10%的人口都是近亲联姻，这种结合背后的主要动机是维护家族产业、维持家族的影响力。不过，当时的人们已开始察觉，“近亲结婚会造成后代天生聋哑或失明”。1870 年，达尔文写信给他的邻居、英国议员约翰·鲁博克，建议在第二年的全国人口普查中，调查第一代和第二代近亲结婚的人口状况，以研究家族间频繁近亲结婚对后代成员健康状况的影响，但是这个要求被拒绝。

达尔文本人的健康状况也非常糟糕，他患有严重的消化系统疾病，还患有一种古怪的皮肤病，使得他刮胡子时疼痛难忍，这也是他留着特点鲜明的长胡须的原因。但贝拉博士认为，达尔文的问题与近亲联姻无关，一种解释是，达尔文在环球考察的过程中，被阿根廷当地一种寄生虫叮咬而染上这些疾病；另一种解释是心理学因素——想到自己的理论会让妻子爱玛，以及维多利亚时代频繁近亲联姻的民众感到沮丧，达尔文心中不安，反映为身体的古怪毛病。

此外，并非达尔文所有的孩子都那么差。达尔文的三个儿子，乔治、弗朗西斯和霍拉斯都是英国最有声望的科学组织“英国皇家学会”的成员。

科学史上著名公案——达尔文—华莱士之让

文/方舟子

1838年9月28日，达尔文在为了消遣而阅读马尔萨斯的《人口论》时，获得了灵感，开始着手创建自然选择学说。达尔文在有了自然选择的想法之后，并没有急着发表。他在收集了大量的资料之后，到1842年才开始把这个理论记录下来，并把手稿送给一些朋友征求意见。1856年4月他才开始写关于物种起源的专著。他甚至做好了在死后才发表其成果的准备，留下一份遗嘱，交代在他死后如何处理他有关进化论的手稿。在达尔文的专著写到一半的时候，1858年6月18日，达尔文收到了华莱士的一封信，随信附着一篇论文。华莱士是一位年轻的生物地理学家，当时正在马来群岛考察。此前，华莱士曾与达尔文见过一次面，通过两次信，知道达尔文在思考物种起源的问题，但是并不知道具体情况。这篇论文表述了他有关物种起源的想法，请达尔文审稿，如果达尔文认为有价值的话，就转给著名地质学家赖尔。达尔文当然认为这篇论文很有价值，因为它与达尔文的观点不谋而合，虽然没有用到“自然选择”一词，但是概述了类似的进化机制。华莱士后来回忆说，他是在发烧时突然想到了马尔萨斯的《人口论》，而有了自然选择的想法的。看到自己悄悄准备了20年的理论出现在他人笔下，达尔文和普通人一样震惊。而普通人难以做到的是，达尔文立即将华莱士的论文按其要求转给赖尔，并建议发表，而宁愿压下自己的研究成果，让华莱士独享殊荣。赖尔和植物学家虎克都早就读过达尔文有关自然选择的手稿，建议两个人同时发表论文。达尔文一开始不太愿意，

担心这么做会让华莱士觉得不公平。最终，在赖尔和虎克的安排下，达尔文1842年手稿的摘录和华莱士的论文于1858年7月1日在林耐学会一起被宣读，并发表在当年的林耐学会学报上。这两篇论文的发表几乎没有引起任何反响。只有都柏林的一位教授写了篇评论，给出的还是负面的评价：这两篇论文中“所有新颖的部分都是错误的，而正确的部分又都是陈旧的”。林耐学会的会长在年度总结时则干脆说那一年没有任何重大发现。也是在莱伊尔和虎克的催促下，达尔文把准备多年的手稿压缩到三分之一左右，在1859年11月出版了《物种起源》，这才掀起了轩然大波。1862年，华莱士回到英国，拜访了达尔文。从此两个人结成好友。和达尔文不同，华莱士出身贫寒，地位卑微，常常陷入财政困难。达尔文大力提携、帮助华莱士，不仅在学术上推崇他，也在经济上资助他，最终还说服英国政府给华莱士一笔不菲的年金，让他从此衣食无忧。达尔文本人认为华莱士独立地发现了自然选择定律，我们现在也把华莱士当成自然选择学说的共同创建者，而事实上，华莱士的观点与达尔文的并不一致。他对自然选择的理解不那么准确，也不彻底。华莱士并没有意识到自然选择主要是以个体为目标的，而是把变种或亚种当作自然选择的单位，认为新物种的产生是亚种之间相互竞争的结果。换句话说，达尔文强调的是对个体的选择，而华莱士强调的是对群体的选择。达尔文的学说更符合现代生物学对自然选择的理解。此外，华莱士不相信达尔文后来提出的性选择理论，也不相信人类能够经过自然选择进化而来，而认为人类的进化必然有超自然的力量的参与。华莱士晚年皈依唯灵论，断然否认人类意识是进化而来的，达尔文曾写信告诉他：“我希望你还没有完全杀死属于你自己也属于我的孩子。”更确切地说，自然选择学说是属于达尔文自己的孩子，把华莱士当成共同父亲是达尔文的慷慨之举。华莱士对能与达尔文共享荣誉感到非常高兴。他很清楚，如果不是达尔文，自然选择学说不会引起关注，自己也不可能在学术界有那么高的地位，因此他总是把荣耀归功于达尔文一人，并把自然选择理论称为“达尔文主义”。达尔文和华莱士的互相谦让和通力合作，对进化论的研究和传播起到了极大的促进作用。华莱士即使算不上自然选择学说的创建者，也是其主要的倡导者和捍卫者。在达尔文死后（1882年）的数十年，自然选择学说越来越失去其吸引力，越来越多的生物学家采用其他机制来解释进化是如何发生的。就连被称为“达尔文的斗犬”的赫胥黎，这时也不再相信自然选择学说，转而相信跃变论。华莱士显得非常孤立。为了回应对自然选择学说的批评，他在1889年出版了《达尔文主义》一书，成了华莱士所有著作中被引用最多的一本。他是这个后来被称为“达尔文主义的日食”的黯淡时期少数几颗明星之一。直到20世纪40年代达尔文主义才大放光彩，此时华莱士已死去20多年了。由于科学研究极其强调首创性和首发权，我们已见惯了科学家之间为此钩心斗角、争权夺利，甚至因此妨碍了科学进展。像达尔文和华莱士这样互相谦让的，是罕见的。他们也是人，但是高贵的人。

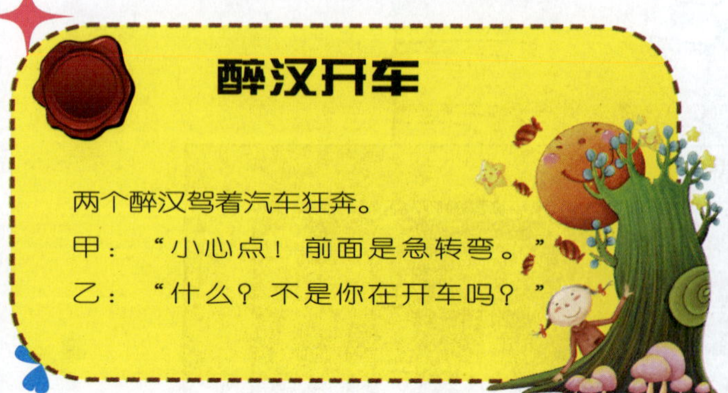

伟大的《人类的起源》

文/周　敏

1855年，达尔文16岁的大儿子威廉已经是一名大学生了。

一天，威廉从学校回家，正赶上爸爸休息。他拿着一只小鸽子来到爸爸面前说：“爸爸，这是一只刚出生一周的小鸽子，你看它多可爱啊！”

洁白的小鸽子扑扇着两只翅膀，听话地站在威廉手里。达尔文看见鸽子，眼睛顿时有了光亮，问：“这只鸽子是从哪里弄来的？”

威廉说：“学校里喜欢鸽子的人很多，爱好鸽子的人组织了一个俱乐部，我是那里的新成员。”

达尔文从威廉手里接过鸽子说：“你能有这样的爱好很好啊，你知道吗？鸽子是和平的使者，是和平的象征啊！”

威廉说：“俱乐部时常开展览会、报告会，鸽子的照片和资料太多了。”

达尔文说：“鸽子繁殖很快，很容易养，又不占很多地方。对啊，现在我正在研

究植物和动物变异性，我为什么不从鸽子入手呢？”

威廉说：“太好了，我可以帮助你收集有关资料，爸爸，你想象不到我进入鸽子棚时的快乐吧？”

“我还知道家鸽原始的模样呢，真是让人难以置信，它的祖先竟然是那么野蛮、那么难以制伏。”威廉接着说。

达尔文说：“把你能找到的有关鸽子的资料全拿给我好吗？”

威廉点了点头，他像爸爸小时候一样喜欢小动物，现在和爸爸有共同谈论的话题了。

第二周，威廉给爸爸带回来一些鸽子，达尔文给鸽子建了一个新家，大量养起鸽子来。

在研究过程中，达尔文让一只白鸽和一只黑鸽进行杂交，生下几只带斑点的鸽子；这几只鸽子杂交后，又生下了灰鸽子。灰鸽子腰间是白色的，翅膀上有两道黑纹，尾巴上有黑色和白色镶边。

为了更好地研究鸽子，达尔文还加入了两个养鸽协会，并把自己的问题寄给家禽专家捷格特迈那尔和福克司，他在信中说：“我对鸽子进行详细研究而获得的资料是非常宝贵的，它向我说明了在家养状况下鸽子变异方面的许多问题。”

在成为养鸽俱乐部里“特殊的一个人”后，1856年，达尔文开始写《物种起源》，并于1859年将其出版。

之后，1871年，达尔文又出版了巨著《人类的起源》，他向世界宣布：“猿猴是人类的祖先。”

《物种起源》引起的非议还没有平息，达尔文在《人类的起源》一书里又将上帝创造的人与毛猴联系起来，这让一些人更为恼火！

讽刺达尔文的漫画贴满了街头，谩骂达尔文的文章发表在报纸上，人们质问达尔文说：“人猿同祖的信念中饱含着人类的兽化和堕落！”

《人类的起源》掀起了一层又一层的波浪，摧毁了达尔文的平静生活。在一则漫画上，一只猩猩哭着说：“达尔文，你欺侮了我，你硬是要挤进我的世系！”

还有一则漫画上是达尔文正和一只毛茸茸的猴子拥抱接吻……

达尔文说：“我认为人类的高贵身份并不会因为人猿同祖而降低。因为，只有人才具有创造可理解的和合理的语言的天赋，就凭这种语言，在他生存的时期逐步积累经验和组织经验，而这些经验对其他动物来说，当个体生命结束的时候就完全丧失了。因此，人类现在好像站在大山顶上一样，远远高出他卑贱的伙伴的水平，改变了他的粗野本性，放射出真理和智慧的光芒！”

达尔文的支持者托马斯·赫胥黎站出来说：“当我开始真正理解达尔文的重要的观点时，我的反应是，我原先没有想到这一观点，真是愚蠢到了极点！”

托马斯·赫胥黎如此支持达尔文，也遭遇了和达尔文同样的打击，有人这样评论他们说：“如果说进化论是达尔文生的蛋，孵化它的就是托马斯·赫胥黎。”

不管当时的言论如何难听，达尔文都默默地忍受着。

历史的车轮隆隆驶过，现在，世界公认达尔文的进化论学说创造了一个新的时代。

真正的伟大是可以超越时间的，虽然在诞生的征途上会历经霜风冷雨！

《物种起源》激起的浪潮

文/董仁威

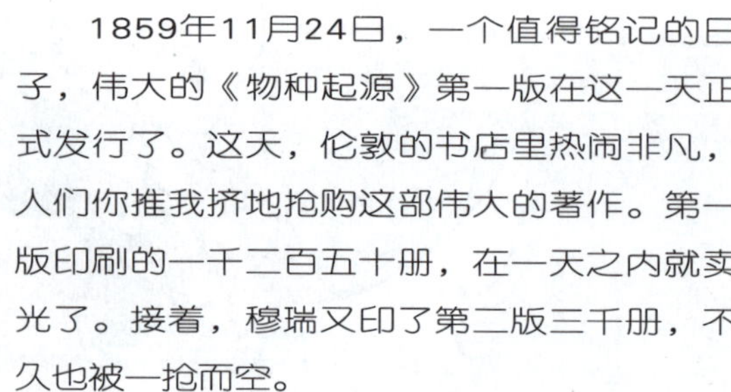

1859年11月24日，一个值得铭记的日子，伟大的《物种起源》第一版在这一天正式发行了。这天，伦敦的书店里热闹非凡，人们你推我挤地抢购这部伟大的著作。第一版印刷的一千二百五十册，在一天之内就卖光了。接着，穆瑞又印了第二版三千册，不久也被一抢而空。

这部“离经叛道”、理论性非常强的著作销路这么好，可把出版家穆瑞乐坏了。达尔文和他的朋友们也乐坏了，惊呆了。购买《物种起源》的人，大多是自然爱好者。他们觉得《物种起源》中的观点太新奇了，太不平常了。

《物种起源》惊动了整个世界。它像一枚炸弹，在宗教迷信统治的世界中爆炸。它用极其丰富的材料、确凿的证据，证明了生物世界不是上帝的特殊创造物，而是少数古代祖先的直系后代。所有不同种类的生物都是由共同的祖先传下来的。它们在自然选择的作用下，由简单到复杂，由低级到高级不断发展着。这就是达尔文宣布的生物进化论。生物进化论戳穿了千百年来基督教关于上帝造物的谎言，给了宗教迷信势力致命的一击。

那些宣传上帝创世说的封建牧师、主教们，面对达尔文的学说不寒而栗。相信上帝和《圣经》的学者，感到了信仰受到冲击的恐惧。他们在踌躇片刻后结成了同盟，向达尔文扑来，展开围剿战。

这时，达尔文正在一个叫做艾克雷的小镇上治病。他的身体状况非常糟糕。

达尔文躺在病床上，听爱玛读那些雪片般飞来的信件，念那些充满了辱骂词句的书评。他第一次听到了在《英国科学家协会会报》上发表的匿名书评。听完后，他怒不可遏地说：“啊，这一定是莱顿写的。只有他才可能这么了解我，只有他才能写出这么巧妙的文章去迷惑人们。卑鄙啊，他教唆那些神父来攻击我，让那些神父随意摆布我。他绝不是要亲自烧死我，但他已经把柴准备好，并告诉那些黑色的野兽，怎样可以捉到我，用他准备好的柴来烧死我。”

爱玛望着被悲戚的神色笼罩着的丈夫，心里很难过。她为了安抚丈夫，从新到的一叠信里挑选了几个老朋友的信念给他听。啊，这是亨斯罗教授的信，他说些什么？亨斯罗只能同意他的很小一部分观点，也就是说，他根本不同意达尔文的基本观点。好在亨斯罗并没有像其他人一样辱骂他，这使他缓了一口气。可是，他的地质学老师，署名为“从前是你的朋友，现在是猴子的儿子”的塞治威克教授，毫不留情地写道：“我读

了该书之后的痛苦多于愉快。我认为你的这一理论是恶作剧。提倡这一理论的人都有腐败了的理解力。”

达尔文听到这里，痛苦地叫喊起来：“腐败了的理解力！在这个问题上，可怜又可亲的老塞治威克似乎已经失去了理性。不过，我并不重视这一切评论。我把莱伊尔、虎克、赫胥黎认作我的作品的裁判者，并把莱伊尔认定为裁判长。我只重视他们的评论。爱玛，有他们的来信吗？”

爱玛翻了翻信札，抽出两封信来，说：“虎克和莱伊尔来信了。”

达尔文从病床上直起身子，迫不及待地听爱玛念这两位裁判的裁决。虎克的态度同平时一样鲜明。他说：“这本书对于奇异事实和新鲜现象的精密推理是多么丰富呀！这真是一部伟大的著作，它将会非常成功。那些懒惰的印书者们还没有把我那篇不走运的论文印完。如果把我的那篇论文放在你的那本书的旁边，它就像是皇家旗帜旁边的一块烂毛巾。”

朋友的赞赏使达尔文乐不可支，他的脸上露出了愉快的笑容。这种笑容没有维持多久，莱伊尔的来信使他的脸色很快阴沉下来。他最重视的裁判长，平时那么支持他的莱伊尔态度竟非常暧昧。莱伊尔虽然表示接

受达尔文的大部分观点，但他是个坚定的有神论者，无法完全接受达尔文否定上帝造物的理论。特别是，他同塞治威克教授一样，看到书中阐述的人也是从动物演化而来的思想后感到震惊万分。他在信中表示不愿意公开站出来为达尔文的进化学说辩护。

失去了一个在英国学术界处于权威地位的人物的支持，失去了一个自己深深敬仰的老朋友的赞同，达尔文感到有些手足无措。唉！在偌大的世界上，除了一个虎克以外，没有谁再支持他的学说。他感到多么孤立无助啊！

“我的学说会成功吗？”达尔文忧伤地说，“不！我的学说是真理，真理总有一天会战胜谬误的。我要说服莱伊尔，我要说服那些同我的观点相反的朋友，让他们站到真理一边来。”

想到这里，达尔文忘掉了自己的病痛，一个翻身爬起来，对爱玛说：“快去准备马车，我要到伦敦去！”

竖起进化论的大旗

文/佚　名

当达尔文拖着疲惫万分的身体，摇摇摆摆地走进伦敦莱伊尔的住宅时，莱伊尔和正在他家做客的虎克大惊失色。他们把达尔文扶到莱伊尔书房里的一张长沙发上躺下，待达尔文喘息稍定后，莱伊尔说："我亲爱的朋友，有什么急事，让你带着重病长途跋涉呢？"

"啊，亲爱的莱伊尔，你的来信使我伤心透顶。莱顿的辱骂、报刊的攻击、教会的咆哮，我都不在乎。可是，我对我心中认定的裁判长的冷漠，却感到难以忍受。为了这，我不顾一切地来了。我希望你能够同我站在一起，为进化学说的胜利而战斗。"

莱伊尔笑笑，说："你的虎克为了说服我，已经同我讨论两三天了。我想我要在自己将来写的一本书中正式承认进化论。我已被迫放弃了我仅有的信仰，而我还没有充分看到一条通向我的新信仰的道路。在这样的情况下，你对我这样的态度大概可以满意了。"

正当三个朋友讨论得十分热烈的时候，一位目光犀利、态度潇洒的青年科学家走了进来。这就是达尔文认定的三个裁判者之一，英国动物学家兼古生物学家赫胥黎。他和达尔文是在1858年认识的。这位雄辩、热情奔放的学者很快就跟达尔文建立了亲密的友谊。赫胥黎紧紧地握住达尔文的手，诚挚地对他说："我尊敬的朋友，由于你的著作，你已经博得了一切有思想的人们的永远感谢，虽然有很多的辱骂和诽谤已经为你准备着，但是，希望你不要为此而感到任何的厌恶和烦忧。你可以信赖一点，你的一些朋友无论如何还是有一定的战斗力的。我愿意做你的鹰犬，我已磨利了我的爪和牙以做准备。为了支持你的理论，我准备接受火刑！"

赫胥黎像火一样热烈的语言，鼓舞了性情和善、不愿争斗的伟大学者。孤立无助的达尔文，得到了这样一位学识渊博、热情豪放的朋友的支持，他蓝灰色的眼睛里闪动着火花，激动地握着青年朋友的手，深情地说："亲爱的朋友，我的身体状况不允许多参加论战，进行激烈的辩论。但是有了你、虎克和莱伊尔这样一些能征善战的勇士，再团结一批有才能的学者，我想我们就能击败宗教营垒和旧派人物

的联合进攻。我的学说的成功，大半要靠你们的战斗。我还可以为学说的成功做一小半的工作。这一小半工作，就是继续尽量充分地公布进化学说的证据。我将为此再写出两三本有分量的书来。学说的胜利，有一小半要靠我这两三本书。”

赫胥黎说：“我赞同你这个分工。我们希望你今后不要再冒着丢掉性命的危险来回奔波了。你的身体健康是学说成功的保证，我们之中谁也代替不了你的那一部分工作。你放心地回家去吧，你要相信，我们是不会容忍那群恶狗肆无忌惮地狂吠下去的。”

赫胥黎很快就实践了自己的诺言。他在《物种起源》出版后的第二个月就写了一篇题为《时间与生命》的文章，在《麦克米伦》杂志上发表，支持达尔文。他还在英国皇家学会演讲，宣传达尔文的学说。在斗争的关键时刻，赫胥黎得到了一个偶然的机会，使他能够在英国报界居于领导地位、读者众多的《泰晤士报》上发表了关于《物种起源》的书评。他那严密、深刻、独到的见解，通俗、流畅、优美的文字，在社会上引起很大的震动，感染了一批学者，使他们皈依进化论。

经过达尔文、赫胥黎、虎克的努力，达尔文进化论的大旗下逐渐集合了一批著名的学者。1860年3月3日，在达尔文给虎克的信中，列举了已经站到达尔文进化论大旗下的十四名战士。

有了这支坚强的队伍，达尔文对打赢这一场已经揭幕的科学论战充满了信心。他在给朋友的信中说：“他们可以都来尽情地攻击我，我的心肠已经变硬了。在我看来，他们的攻击恰好证明了我们的工作成果。我看得很清楚，这是一场长期而艰苦的战斗。但是，我们如果坚持这一理论，就一定能取得胜利。”

进化论的敌人——各国的主教，信奉神创论的自然科学家们，聚集在上帝和《圣经》的旗帜下，磨刀霍霍，准备向达尔文做一次致命的打击。在达尔文的祖国，战斗气氛最为激烈。《爱丁堡评论》《英国科学协会会报》充斥着反对达尔文的学说，辱骂达尔文的书评；各种辩论会上，《圣经》和上帝的信徒们，发出一支支毒箭，射向达尔文。牛津大学主教威柏弗斯率领他的信徒分赴各地演说，竭力诋毁达尔文的学说，颂扬上帝和《圣经》。

时装秀

一名顾客气愤地跑进裁缝店，指着店主给他设计的时装说：“我刚才站在街道拐角打哈欠，两个人把信塞进了我的嘴里！”

达尔文奖——愚蠢人的表彰簿

文/黄 恒

在亚利桑那州的沙漠，一位美国飞行员，把一部喷气式飞机专用发动机安装在汽车上，准备创造飞车纪录。他点火，随后以900千米的时速从悬崖上掉了下去，救援人员只找到了他的牙齿。

他就这样一无所得地离开了世界吗？不，至少他还得到了达尔文奖，而且是传说中最著名的得奖者。

达尔文奖颁发给那些以最愚蠢方式偶然死去的人，以表彰他们通过自我消灭对改进人类基因所作的贡献，荣誉奖则授予那些足够愚蠢却侥幸没死的人。之所以叫这个名字，是因为达尔文的《进化论》说，自然选择是进化的最主要动力，虚弱和蠢笨的个体死去，强壮和聪明的存活并繁衍。

达尔文奖根本没有公认的创始时间。有人说，这个词的源头可以追溯到1985年，当时互联网刚刚在小范围建立起来，不知什么人在笑话里创造了这个词。那个笑话讲的是某人试图从可乐自动售卖机中偷可乐，结果被出货口卡死，但也有人说来自开篇提到的那个飞车男人。

不管怎样，以达尔文奖为标题的打包故事集，在1991年就已经通过邮件流传，然后有了专门的网站。1994年，21岁的斯坦福大学学生温迪创办了达尔文奖的专门网站，一切才步入正轨。当时，温迪（如今叫达尔文小姐）不过是把自己收集的黑色死亡故事整理在一起。后来，她发现这东西比大学专业有前途多了，于是辍学，并将达尔文奖注册为专利。现在，她比班上绝大多数同学都有钱。

达尔文奖获奖者的传奇已经出了4本书，本本热销，甚至有中文版《猪脑满天下》，同名专题片2006年上市；还有专卖达尔文奖冠名纪念品的网上商店。最有趣的是，在这个网络时代的财富故事中，变化最小的是达尔文奖内容的真实性。

初出茅庐

语文课上，老师让一名同学解释“初出茅庐”的意思。该同学抓耳挠腮，磨蹭了半天，最后小声地问老师：“是不是刚刚从厕所里出来的意思？”

藏在鞋盒里的进化论

文/袁 越　刘念龙

所有的工作时间达尔文一直在秘密地研究进化论。1837年7月的某一天，他在一张纸上随手画了一棵进化树，别小看这棵进化树草图，这可是人类第一次意识到地球上的所有生物都有着共同的祖先。

1838年，达尔文出于好奇，阅读了英国经济学家马尔萨斯写的《人口论》，从中得出了关于自然界优胜劣汰理论的重要启发，此后他的所有工作都是在为这个理论寻找证据。

要想证明这个理论，必须过三关。

第一关，他必须证明世界上所有的生命都时刻处于生存压力之中。这一关相对容易，达尔文家的后院就是一个很好的实验室。他曾经在草地上划出一小块地，把里面所有新生的幼苗上做上记号。几天后他就发现，357株幼苗当中有不下295株被蛞蝓和昆虫吃掉了。

第二关，他必须证明自然界存在着大量的、微小的变异。这点也比较容易，英格兰乡村有足够多的生物供他研究。达尔文还不满足，又从外国引进了不少热带的兰花和食虫草，并专门在花园里修了一个玻璃温室。

第三关就比较难过了。他必须证明微小的变异能够遗传下去，并且经过世代的积累，导致新品种的诞生。这个过程需要很长的时间，如果按照《圣经》的说法，地球的寿命显然不够长。幸好当时的地质学界已经找到了足够多的证据，把地球的寿命延长到了百万年的级别，这才暂时消除了达尔文的顾虑。

即便如此，达尔文仍然不可能复制大自然中真实发生的物种诞生的过程，但他想到了一个变通的办法：人工育种。当时英国农村流行赛鸽，很多养鸽爱好者互相攀比，看谁能培育出最怪异的鸽子。达尔文开始亲自动手培育各种各样的鸽子，最多时同时养过90只。通过这些实验，他意识到，大自然完全可以担当起养鸽人的角色，通过生存竞争，选择出最适合环境的品种。从此，达尔文的进化论理论就有了一个新名词：自然选择。

然而，进化论的诞生并不是达尔文一个人的闭门造车，他一直用写信的方式从世界各地的研究者那里寻找更多的支持证据。据说他平均每天要写20封信，目前全世界保留下来的达尔文的书信有1.45万多封，收信人包括2000多位来自世界各地的研究者。

在乐此不疲的研究中，疾病仍不时造访，达尔文担心万一自己突然生病死了，这个理论就会被遗忘，于是他先行写出了一个摘要留给妻子爱玛，并预留了400英镑作为出版费用，这就是那部划时代的《物种起源》的雏形。说是摘要，其实厚达240页，可见达尔文对待这个理论一直是非常小心的。有趣的是，达尔文把摘要和400英镑都放在一个鞋盒里，再把鞋盒存放在一个放置杂物的壁橱里。

这本想象中的书在壁橱里一放就是20年。

达尔文的无懈可击

文/鲁先圣

达尔文是英国生物学家，进化论的奠基人。1831年至1836年，他以博物学家的身份，作了历时5年的环球航行，克服了难以想象的生存困难，对动植物和地质结构等进行了大量的观察和采集，1859年出版了震惊世界的《物种起源》。

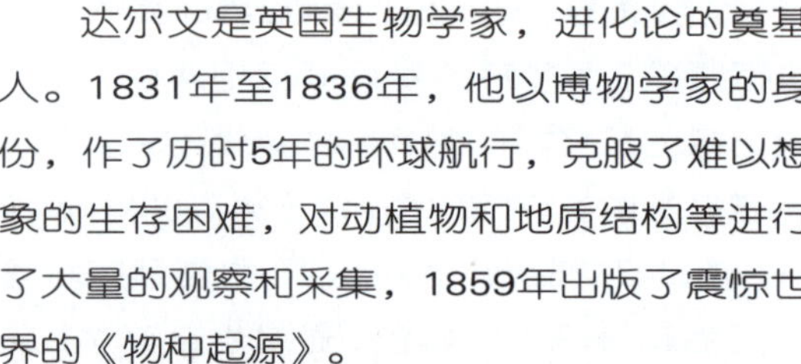

《物种起源》中用大量资料证明了形形色色的生物都不是上帝创造的，而是在遗传、变异、生存斗争和自然选择中，由简单到复杂，由低等到高等，不断发展进化变化的。他的这个生物进化论，摧毁了各种唯心的神造论和物种不变论。除了生物学外，生物进化论对人类学、心理学及哲学的发展都有不容忽视的影响。恩格斯将“进化论”列为19世纪自然科学的三大发现之一。

但是，很少有人知道，达尔文在写完这部旷世巨著之后，不是马上交给出版社出版，而是经过了15年之久的自我批评和检讨之后才公开发表的。

1831年，达尔文毕业于剑桥大学，他的老师亨斯洛推荐他以“博物学家”的身份参加同年12月27日英国海军“贝格尔”号舰环绕世界的科学考察航行。他先在南美洲东海岸的巴西、阿根廷等地和西海岸及相邻的岛屿上考察，然后跨太平洋至大洋洲，继而越过印度洋到达南非，再绕过好望角经大西洋回到巴西，最后于1836年10月2日回到英国。

这次航行彻底改变了达尔文的生活。回到英格兰后，他全身心地投入研究，立志成为一位促进进化论的科学家。实地考察和研究让他确信，世界并非像宗教所说的那样是在一周内由上帝创造出来的，地球的年龄远比《圣经》所讲的要大得多，所有的动植物也都改变过，而且在继续变化之中。至于人类，可能是由某种原始的动物进化而成的。也就是说，亚当和夏娃的故事根本就是神话。达尔文领悟到生存斗争在生物生活中的意义，并意识到自然条件就是生物进化中的“选择者”，不同的自然条件，影响着选择者及选择的结果。

然而，他对发表研究结果抱着极其谨慎的态度。他意识到这一革命性的学说一旦公开，一定会震撼整个宗教界以及学术界，一定会遭到宗教界的竭力反对和抨击。因此，他在完成书稿之后，先不急于展现学术的成果，而是主动开始自我批评，耗时15年，不断查证资料，反复论证，把自己当成敌人，向自己的理论挑战，努力在自己的理论中寻找破绽和漏洞。

15年后，当达尔文确信自己的理论已经无懈可击的时候，他才把书稿《物种起源》交给了出版社。一个月以后，《物种起源》出版问世时，整个西方宗教界、学术界震惊了。尤其是宗教界，立刻组织各种力量抨击达尔文。但是，遗憾的是，他们没有一个人能够提出有力的理论和证据，驳倒达尔文的物种进化论。因为他们不知道，达尔文为了防范他们的反驳，进行了长达15年的自我批评和检讨。

与达尔文相比，我们都是普通人，当我们与人交流、工作时，很多时候我们的观点并不成熟，但是往往我们并没有经过深思熟虑就匆忙摆出自己的观点，因此很轻易地败倒在了对方的脚下。如果我们每一个人都能够像达尔文那样自觉地自省自察，那我们距离完美还会遥远吗？

牛津论战

文/董仁威

《物种起源》的发表对人们根深蒂固的传统观念提出了严峻的挑战，而当人们仍然对它半信半疑的时候，达尔文很快又推出了《人类的起源》，这使达尔文顷刻间成了议论的中心，成了“英国最危险的人物”。

一场激烈的论战已经不可避免，面对敌人的疯狂进攻，达尔文主义者勇敢地接受了挑战。在英国，以赫胥黎为首的进步学者在各种辩论会上冲锋陷阵，在报刊上发表宣传达尔文主义的文章，写作宣传达尔文主义的科普读物，举办演讲会；在德国，有海克尔为首的进步学者在为捍卫达尔文主义而战斗；在美国，有爱沙·葛雷等进步学者举起了达尔文主义的旗帜；在法国，作家左拉高举着进化论的火炬。

为保卫达尔文主义而进行的一场最重要的战斗，发生在1860年6月底。这就是在科学史上十分著名的牛津大战。这次大战是在英国牛津大学举行的“英国科学协会会议”上进行的。这次会议以关于《物种起源》一书

的两次激战闻名于世。

6月28日，发生了第一次激战。牛津大学的道宾尼博士首先挑起了战斗。他在会上宣读了一篇论文《论植物性别的终极原因兼论达尔文先生的〈物种起源〉一书》，攻击达尔文。由于达尔文生病，未能参加会议，会议主席就希望达尔文的“总代理人”赫胥黎作答。赫胥黎鉴于参加会议的进步学者不多，教会人士和坚持神创论的顽固派占着绝对优势，决定暂不回答。

达尔文以前的朋友欧文教授听到赫胥黎不愿回答道宾尼博士的挑战，以为赫胥黎不敢应战，他跳出来向赫胥黎挑衅。他针对达尔文的人同大猩猩脑的结构近似的理论，说：“我愿意以哲学家的精神来讨论这一问题。我相信有些事实能够使公众断定达尔文先生的学说有没有可能是真实的。我的研究表明，大猩猩的脑同人类的脑之间的差异比大猩猩的脑同最低等的、最有问题的猕猴的脑之间的差异还要大。”

赫胥黎冷静地对待了这一挑衅。他直接反驳了欧文的这些断言，并且保证要在别的地方、别的时候论证这个问题。几年后，赫胥黎专门为此写了一本书，完全履行了这一保证。

第二天，会议上表面看来平安无事。但是，那位牛津大学的威柏弗斯主教却在组织力量，扬言要在会上打倒达尔文。

6月30日，一场震惊世界的激战爆发了。威柏弗斯主教邀请了一大批教士、贵妇人和落后学者参加会议。在会议上，他发表了一篇题为《回顾欧洲的智力发展兼论达尔文先生的观点》的论文，向赫胥黎挑战。面对会议上的反动势力和落后学者越来越猖狂的挑衅，赫胥黎勇敢地站了出来，表示愿意和威柏弗斯主教等人进行公开辩论。

赫胥黎的应战宣言一发表，人们全都激动起来。本来预备在演讲厅进行辩论，后来发现听众的数目远远超过了这间房子所能容纳的人数，于是会议移到大一些的博物馆的图书室去进行。辩论开始以前，图书室就已经拥挤得水泄不通了。据估计，听众几乎达到1000人。

可喜的是，这次会议恰好由亨斯罗教授担任主席。德高望重的亨斯罗巧妙地宣布：“凡是在正面和反面提不出有效论证的人都不准发言。”这种警戒后来证明是很必要的。会上抢着发言的人很多，连碰巧在伦敦的贝格尔舰舰长菲茨罗伊和塞治威克也挤上台放了一炮。

“贝格尔”号舰长菲茨罗伊走上台说：“我曾是达尔文五年航海考察的那艘‘贝格尔’号上的舰长，很高兴今天能在这里和诸位见面。”

台下的观众向菲茨罗伊报以热烈的掌声。

菲茨罗伊接着说：“在‘贝格尔’号上时，达尔文就曾多次流露出对上帝的不尊敬，我曾多次批评过他，现在他又弄出来这样一系列的歪理邪说来动摇大家对上帝的诚心，我要问托马斯·赫胥黎先生，达尔文的学说还能比得上《圣经》吗？神圣的《圣经》是不容怀疑的，达尔文如此煽动人们的思想，难道他不应该被送上宗教法庭吗？”

托马斯·赫胥黎说：“听您的话，根本不像出自一个绅士之口，在历史上，宗教反对科学的例子还少吗？凡是跟地球有关的重

大发现，在刚一问世的时候几乎都要经历一番批驳。当年伽利略证明地球不是宇宙的中心，而是和其他的行星一起围绕着太阳转，不也因此被判监禁吗？现在的科学家们，正在追寻伽利略的足迹往下研究！这说明背叛真理的人才是最愚蠢的！”

台下的观众大喊着：“菲茨罗伊下去，这不是你说话的地方！”菲茨罗伊低着头走下台去……

亨斯罗教授为了平衡论战双方的发言机会，行使主席权力，由于讲词模糊而被他停止发言的有4人之多。

趾高气扬的威柏弗斯主教首先跳上讲台，做了半个小时口若悬河的演说。他甚至目光直逼赫胥黎，以一种攻击性的姿势问道：“坐在我对面的赫胥黎先生，你究竟是通过你的祖父还是通过你的祖母同无尾猿发生了亲属关系？”

赫胥黎镇静地听完威柏弗斯主教的演说，不慌不忙地走上讲台。他首先向听众宣传达尔文的理论，用雄辩的科学事实证明进化论是科学的真理。赫胥黎对威柏弗斯演说中胡乱举出的生物学例证，一一做了分析，证明主教在生物学上的无知。

赫胥黎的雄辩，像鞭子一样抽在威柏弗斯和他的信徒的身上，会场的气氛紧张到了极点。

翻身

一精神病人在床上唱歌，唱着唱着在床上翻了个身。主治医生问他：“唱就唱吧，翻身干吗？”

病人说：“傻瓜，A面唱完当然要唱B面啦！”

赫胥黎最后面对主教，回答他的嘲弄，说：“至于说到人类起源于猴子的时候，当然不能这样简单地来解释。这只是说人类是由猴子那样的祖先演化而来的。你对我提出的问题，并不是以平静的研究科学的态度提出的，所以我将这样回答：我过去说过，现在我再重复一次，一个人没有任何理由因为他的祖先是猴子而感到羞耻。我为之感到羞耻的倒是这样一种人：他惯于信口开河，不满足于自己活动范围内的令人怀疑的成功，而且要粗暴地干涉他根本不理解的科学问题。他避开辩论的焦点，用花言巧语和诡辩的辞令来转移听众的注意力，企图煽动一部分听众的宗教偏见以压倒别人。倒是这些人应该真正觉得羞耻啊！”

掌声响起了，托马斯·赫胥黎继续最后说道：“在神权统治的一切年代，每一个科学规律的发现和确立都曾经历过异常艰辛的历程，过去那些科学家们和宗教产生的冲突，最后都是因为宗教人士对自然科学知识知之甚少而导致失败，我们为什么不吸取这个教训呢？”

赫胥黎的话音刚落，兴奋的青年大学生和进步学者立即爆发出热烈的掌声，不少人为赫胥黎痛快淋漓的反驳欢呼起来。威柏弗斯主教气得面如土色，无言以对。

辩论会继续进行的时候，有些人喊叫着“虎克、虎克”的名字。于是，亨斯罗主席邀请虎克上台发言，要他从植物学方面发表一下对达尔文学说的意见。

虎克走上讲台，他逐步剖析主教的发言，证明主教绝对没有理解《物种起源》的原理，而且绝对没有植物学方面的初步知识。对此，主教不敢作答，悻悻地溜出了会场。听众再一次为赫胥黎、虎克等进步学者鼓掌、欢呼。具有历史意义的这次牛津大辩论，同30年前法国科学院的大辩论相反，以进化论者的胜利而宣告结束。

比达尔文更“聪明”的人

文/张小平

达尔文最讨厌市侩的人，偏偏商人菲利普乐于与他交友，还常常主动找上门来游说：“等你有了新发现，不妨先告诉我，我负责把它转化成财富，这样你我就能发大财了。”达尔文一心研究植物，对财富不感兴趣，断然拒绝了这位商人。为了躲避他的纠缠，达尔文一再搬家，可无论搬到哪里，总能被神通广大的菲利普找到。

1843年，达尔文举家搬迁至唐恩镇，那里的居民家家都种了一种叫三叶草的农作物。那年，三叶草严重减产，达尔文经过研究发现，减产的原因竟然与猫有关。原来，三叶草在花期要靠土蜂传授花粉才能结籽，当年土蜂的数量明显少于往年，导致三叶草授粉面积减少而影响了产量。达尔文又对土蜂进行追踪，发现土蜂变少是因为田鼠增多了，田鼠喜欢偷吃土蜂的蜜，在偷吃过程中损坏土蜂的巢，导致土蜂被迫迁移。而老鼠增多则与猫少了有关，所以要解决三叶草的歉收问题，需要增加猫的数量。

达尔文为自己的发现兴奋不已，准备将写成的论文寄到杂志社发表。这时菲利普又来拜访，还拎着一大筐猫。达尔文不解：“你这是干什么？”菲利普说：“我知道你要买猫，就把周围的猫都收购了。”达尔文听了又气又恼，无奈只能招呼周围的居民向菲利普高价买猫。但他不明白自己的发现是怎样被菲利普提前获知的。询问了好久，菲利普才吐露实情：“我儿子跟你儿子是同学，我让他每天都向你儿子请教新知识，这样就可以轻易地探听到你的最新成果了。”达尔文恍然大悟。与自己利用事物的普遍联系原理发现了猫的作用一样，菲利普也借助双方儿子间的关系，始终保持着与自己的联系。不同的是，达尔文将普遍联系的原理用在科学研究上，而菲利普则把它用在生意上！看来万物都不能孤立存在，善于洞察把握事物的联系，往往能取得意想不到的效果。

科学需要我

文/佚　名

《物种起源》的发表一石激起千层浪，立刻引发了激烈的论战。赫胥黎、虎克等进步学者高举进化论的大旗，在英国论坛上冲锋陷阵。而进化论的主帅达尔文则在与病魔顽强地搏斗着，以完成他的那一部分工作，用他的著作，为进化论大军提供威力强大的炮弹，打败进化论的敌人。

这时，达尔文的身体越来越糟了。除了恼人的胃痛、头痛，剧烈的呕吐，肌肉不自主的颤抖以外，他又复发了心脏病。疾病常常迫使他整天躺在沙发上。为了治病，达尔文同全家一起，搬到北威尔士的一个地方去休养。

一天，虎克到凯尔殿来拜访达尔文，看到了一个十分凄凉的场面。凯尔殿的花园里静悄悄的，满地是枯枝败叶，好像这里已经好久没有人居住了一样。凯尔殿的房子里乱糟糟的，桌上、书架上积满了灰尘，好像这里的女主人已经不再操持家务了一样。确实，在凯尔殿里不仅男主人病倒在床上，女主人也由于操劳过度，被可怕的猩红热击倒了。孩子们已经长大成人，上大学的上大学，出嫁的出嫁，唯一留在家里的小儿子也同母亲一样，因患猩红热病而倒在床上。

男仆将虎克带到达尔文的病榻旁。虎克找了一把椅子靠着达尔文坐下，审视着沉睡中的朋友。时间和疾病在朋友身上打下了深深的烙印，他的头已经完全秃顶了，只有脑后还有一圈暗色的头发，宽阔的前额上刻着一道道皱纹。由于没有修剪，一把浓密的、带着灰白色彩的大胡子乱蓬蓬地飘散在胸前。

达尔文睁开眼，看见虎克坐在身旁，苍白的脸上露出了惨淡的微笑。他拉着虎克的手说："我亲爱的朋友，谢谢你来看望我这个垂死的老头子。你看，我的一家人都病

倒了。我想，我们这一家人是没有什么用处了。在这个无聊的世界上，使人烦恼的事真是无穷无尽。要不是为了我那些还没有完成的科学工作，我真希望静静地躺到舒适的坟墓里去。”

虎克握着达尔文的手，安慰道：“快别这么说，亲爱的达尔文。你的身体虽然不好，但并不是没有希望的。我想，上帝对你是仁慈的。从你三十五岁那年写遗嘱起，你又活了二三十年。那些身体比你好得多的人，像老一辈的亨斯罗教授、塞治威克教授，同你一辈的莱伊尔教授，你的哥哥拉司，都先后离开了人世。而你呢，不是至今还好好地活着吗？朋友，不要失去希望，你还要继续活下去，科学需要你呀！”

“是啊，科学需要我，我也需要科学。可是，现在我连科学工作也不能做，只能成天躺在沙发上，给最好的妻子添麻烦。这真是一件可怕的事啊！”

“你已经为人类做了大量的工作，可以安心地休养一段时间了。待你的身体好起来，再考虑工作的事吧。”

“我想，我的身体不会再有好起来的时候了。我不能忍受游手好闲，我不能眼睁睁地看着全世界的进化论者都在战斗的时候，我却什么都不做。我将履行我的诺言，完成我的那些著作，为前方的将士们提供炮弹。”

达尔文感到身体稍好一点儿，便从长沙发上爬起来，挣扎着拼命工作。从1860年到1872年间，他在与疾病的斗争中，完成了《动物和植物在家养下的变异》《人类起源与性选择》《人类和动物的表情》等三部生物学经典巨著。这三部巨著，给予各国进化论者以有力的武器。进化论和神创论的战斗持续到19世纪70年代末期，达尔文主义在很多国家站稳了脚跟，被欧洲和美国学术界普遍地接受了。

达尔文说自己是能理解持反对意见的人的心情的，他说：“一个没有被证实的假说很少有价值，或者根本没有价值；但是，如果此后有人进行观察，从而确定这种假定，我会对此提供帮助，将大量的孤立事实联系在一起，那个假定就成为可以理解的了。”

显而易见，达尔文理解了那些对他持反对意见的人，人们也理解了达尔文。达尔文的学说被译为五十三种语言，在世界各地都有他的支持者。许多国家的学院和科学团体都为他颁发了奖章、勋章、奖状，还授予他博士、名誉院士、通讯院士、名誉会员等各种头衔。

英国女王身边的人也建议授予达尔文爵士称号，可是女王说：“达尔文的著作与宗教水火不容，怎能授予他爵位呢？”

宗教人士解释说：“先是上帝创造了万物，后来的自然界就按照达尔文发现的规律发展了。”

一听这话就知道，神学者对达尔文的理论还半推半就，他们曾说达尔文的理论是“魔鬼的世界”，现在又说达尔文是“上帝忠实的儿子”。

后来的日子里，恩格斯把达尔文的“进化论”列为19世纪三大发现之一，称达尔文是发现了生物界科学规律的人。

人们在“贝格尔”号去过的帕戈斯岛上，建立起了达尔文研究所，达尔文的铜像耸立在庄严的研究所门前，目视远方，好像正在思考着什么。

最新消息

电视新闻播音员正在播报新闻。这时一张纸条送到他面前，他拿起纸条习惯性地说：“下面是本台刚刚收到的消息……伙计，你的门牙上有一块菠菜叶……”

达尔文鸣雀

文/方舟子

1831年至1835年间，年轻的达尔文作为一名不领工资的博物学家随"贝格尔"号环球航行收集动植物、化石标本，为他后来创建进化论打下了基础。在达尔文带回英格兰的标本中，最著名的是加拉帕戈斯群岛上的鸣雀标本，它们后来干脆被统称为"达尔文鸣雀"。事实上，达尔文在岛上采集这些鸣雀标本时，对它们并没有多加注意，还以为它们分别属于乌鸫、鹪鹩、大嘴雀等不同科的鸟类。回到英国后，著名鸟类学家约翰·古尔德才鉴定出它们都属于鸣雀，而且分属13个不同的物种，都是在其他地方没有见到的新物种。

和它们最接近的是生活在南美洲大陆沿岸的蓝黑草雀。这种草雀是吃种子的。达尔文鸣雀有几种在地面上生活，也吃种子，但是其他鸣雀有的专吃树芽，有的吃仙人掌的花和果实，有的吃树上的虫子。

通过比较基因序列，我们现在可以推测达尔文鸣雀是在大约100万年前从草雀进化来的。如此多样的鸣雀是怎么进化来的呢？达尔文鸣雀粗粗一看形态都差不多，但身体大小不同，鸟喙的大小、形状差别则更大。这和它们的生活习性有关。吃昆虫的，喙比较窄小；吃树芽的，喙非常粗大，以便用它把树芽从树枝上拔出来……达尔文指出，从这些喙的构造可以设想这些物种的由来，是某个原始物种"为了各种不同的目的而发生改变"。

如果达尔文的设想是正确的，那么鸣雀鸟喙结构的差异是为了适应不同的食物而进化来的，是自然选择的结果。例如，有4种地上鸣雀都用喙来咬碎种子，但是它们的喙的大小都不同，那么根据达尔文的假说，这是它们吃不同的种子导致的。那些喙更粗大的，应该吃更难咬碎的大种子；喙较小的，则吃小种子。

在达尔文之后，加拉帕戈斯群岛成了生物学的圣地，许多生物学家都拜访过此地。但是过了100年，才有一位英国中学教师想到要去那里检验达尔文的假说。1938年，在一所私立中学任教、后来成为著名鸟类学家的大卫·拉克请了一年的假前往加拉帕戈斯群岛。他在岛上仔细观察了5个月，发现不同种的地上鸣雀吃的种子并无区别，喙大和喙小的都在吃相同种类的种子。这个观察结果与达尔文的假说看来是矛盾的。达尔文是不是错了？

我们现在知道，拉克的观察虽然很仔细，却不幸选错了时间。他在岛上的5个月属于雨水充足的年份（雨年），食物非常丰富。不管是喙大还是喙小的鸣雀，都很容易找到小种子来填饱肚子，喙的差异的重要性显现不出来。但是一旦进入干旱的年份（旱年），情况就大不相同了。

要解决这个问题，需要在岛上观察更长的时间。从1973年开始一直到现在，普林斯顿大学教授格兰特夫妇和他们的学生都在加拉帕戈斯群岛上研究鸣雀，格兰特夫妇本人每年要在岛上住半年。他们主要以群岛中的一座小岛——大达芙妮岛为研究基地，把该岛上的一种地上鸣雀——中地雀的每一只都做了标记、编号，测量它们的喙深（喙基部从上到下的长度），观察它们的进食情况和后代的演变。

他们观察到，在厄尔尼诺现象引起的雨年，小种子很多，是这些鸣雀的主要食物。这时候喙大而无用，反而会浪费能量，是一种劣势。而在拉尔尼诺现象引起的旱年，小种子很难找到，只能吃更大、更干的种子，这类种子比较难咬碎。这时候喙大的鸣雀就表现出其生存优势了。统计表明，在旱年，鸣雀群体的平均喙深将会增加，而在雨年，平均喙深则减少。

那么喙深的变化是自然选择的结果呢，还是后天因素导致的？例如营养好的鸟喙大，营养差的鸟喙小。为了排除后一种可能，格兰特夫妇把鸣雀后代的喙和亲代进行比较，比较了很多代，发现喙的大小能被忠实地遗传下去，喙深的差异是由遗传决定的，与营养因素无关。

2003年，大达芙妮岛发生严重干旱。根据预测，喙大的鸟应该生存得更好。然而没有。原来在1982年，从邻近的岛迁移来了一群大地雀在此传宗接代。它们的喙比中地雀中的大喙鸟还要大。大地雀把岛上的大种子都吃光了，在这种情况下，中地雀中的小喙鸟比大喙鸟需要的食物更少，靠吃残存的小种子可以勉强度日，反而有了生存优势。因此在大旱后，中地雀群体的平均喙深反而变小了。这也是自然选择。格兰特夫妇认为，这是他们30多年来所看到的最强的自然选择证据。达尔文还是对的。

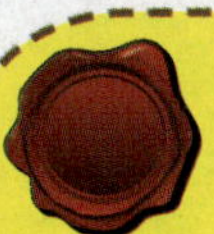

果然很冷

一只北极熊和一只企鹅在一起玩儿，企鹅把身上的毛一根一根地拔了下来，拔完之后，对北极熊说：“好冷哦！”北极熊听了，也把自己身上的毛一根一根地拔了下来，然后转头对企鹅说：“果然很冷！”

预测出来的兰花

文/方舟子

1862年，在《物种起源》发表3年后，达尔文出版了一部研究兰花的著作。达尔文研究兰花的目的，是要证明自然选择是生物进化的动力，为《物种起源》提供补充材料。

野生兰花有两万多种，花的形状、大小、颜色、香味千奇百怪，但是目的只有一个：用花香吸引昆虫（或蜂鸟）来采蜜，花粉沾到了它们的身上，就能帮助兰花传粉。因此兰花的繁衍离不开这些授粉者，不管它有着什么样奇怪的形状、构造，也都是为了适应授粉者。而授粉者为了能采到花蜜，也要适应兰花。在自然选择的作用下，兰花和授粉者之间会一起进化。只有自然选择才能解释兰花构造的由来，这是达尔文研究兰花一书的主旨。

但是有一种原产马达加斯加的彗星兰却让达尔文感到了为难。这种彗星兰拉丁文学名的意思是“一尺半”，其名称源自它那“令人惊骇”的花的形状：它有又长又细的花距，从花的开口到底部是一条长达11.5英寸（29.2厘米）的细管，只有底部1.5英寸（3.8厘米）处才有花蜜。“什么样的昆虫能够吸到它的花蜜？”达尔文大胆地预测：“在马达加斯加必定生活着一种蛾，它们的喙能够伸到25厘米到28厘米长！”

但是有谁见过嘴巴如此细长的昆虫呢？“荒唐！”当时有些昆虫学家这么认为。不过达尔文的盟友、曾经独立提出自然选择学说的华莱士则坚定地站在达尔文一边。他写道：“可以很安全地预测在马达加斯加存在这样的蛾，访问那个岛屿的博物学家应该抱着和天文学家寻找海王星一样的信心去寻找它，我斗胆预测他们将会同样成功！”

1873年，著名博物学家赫曼·缪勒（Herman Muller）在《自然》杂志上报告说他的哥哥曾经在巴西抓到过喙长达25厘米的天蛾，说明达尔文的预测并不那么荒唐。1903年，这种蛾终于在马达加斯加被找到了——一种长着25厘米长的喙、像小鸟一般大小（展翅13厘米～15厘米）的大型天蛾。它被命名为“预测”。这时候距离达尔文做出预测已过了41年。

纽约的美国自然历史博物馆2006年举办过《达尔文：其生平和时代》的展览，最后一个展品就是成功地证明了自然选择学说的预测能力的彗星兰和天蛾的标本。这种彗星兰属兰花（Angraecumlongicalcar）的花距长达40厘米。

达尔文之所以敢于做出这个令人惊骇的预测，是因为他深知自然选择的威力。兰花的花距应该略长于授粉者的喙，这样授粉者在尽量伸长喙去吸花距底部的花蜜时，身体挤压到花冠，花粉才会沾到授粉者的身上。因此，在这样的情形下，兰花的花距越长，就会迫使授粉者沾到更多的花粉，就越容易留下更多的后代。反过来，授粉者的喙越长，就越容易吸到花蜜，有更充足的营养，也就越容易留下更多的后代。如此这般长期互相竞赛的结果，使兰花的花距变得越来越长，天蛾的喙也变得越来越长。

这种现象并非绝无仅有。在南非，生活着十几种“长鼻苍蝇”，它们也长着细长的喙，长度可以与“预测”天蛾相媲美，而身体却小得多。相应的，在那里有许多种有着细长花距的花由它们传粉。

在马达加斯加还有一种与“一尺半”彗星兰同属的兰花，它的花距还要长，长达40厘米。1991年，美国昆虫学家基因·克里茨基（Gene Kritsky）学达尔文做出预测：在马达加斯加还存在着一种未知的大型蛾类，其喙长达38厘米！

这个预测还未被证实。这种兰花在野外已经绝迹了，靠人工栽培存活了下来。它的传粉者是否也已灭绝？我们只能希望，它能靠吸取其他花的蜜而生存下去。也许用不着再等41年，又会有一种奇特的天蛾令人惊骇。

达尔文发现
的古生物化石

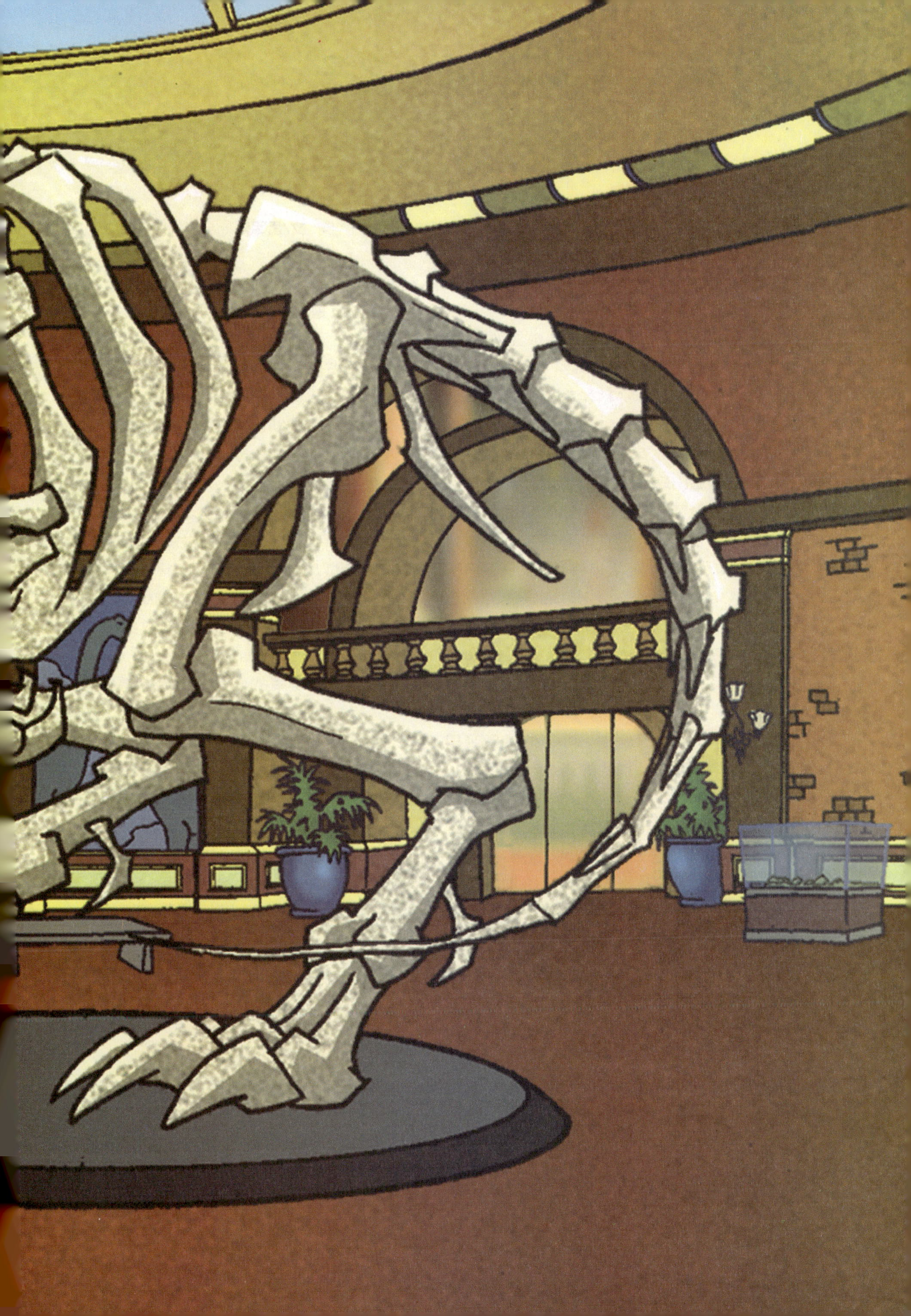

心中充满爱

文/孟军海

任何人的任何成就都不是轻易取得的，达尔文也不例外。

达尔文曾经说过：“我完成工作的方法，是爱惜每一分钟。”

达尔文还说过：“科学就是整理事实，以便从中得出普遍的规律或结论。”

达尔文理论的支持者格兰斯贝说：“那个‘猫被创造出来是为了吃老鼠，老鼠被创造出来就是为了给猫吃，而整个自然界被创造出来是为了证明造物者的智慧’的看法，将因达尔文而被我们永远抛弃！”

达尔文就是这样一个人，他毕生的兴趣和唯一的工作，就是从事科学研究。写完《人类的起源》时，达尔文已经是一位60多岁的老人了，多年的疾病让他看上去非常苍老。

在达尔文的大家族中，除了他的母亲早早去世，是个例外，其他的亲人都活到了80岁到90岁的高龄，可是现在，60多岁的达尔文却总有一种自己将不久于人世的感觉，因此，他十分珍惜自己的时间。

他说：“我的科学工作使我感到的疲倦超过了通常程度，但是我没有其他的事情可做，不论一个人的精力是早一两年耗尽，还是晚一两年耗尽，这都是无关紧要的。”

是啊，达尔文把自己的生死置之度外，他又开始起草《植物的运动能力》一书。

为了收集资料，达尔文每天要给朋友写8到10封信。

没有读过达尔文的信的人，很难想象一位风烛残年的老人，竟会有那么朝气蓬勃的思想。他曾在一封写给罗马学者的信件中写道：“应该鼓励遥远的世界各大洲的科学。”

事业，是达尔文生命唯一的重心。

他说：“我经常感到除了科学之外，每件事情都好像是一片枯萎的叶子，有时候，这种感觉让我痛恨科学；不过，我应该感谢这种多年从不间断的对科学的兴趣，它使我每天有几个小时忘掉倒霉的胃痛。”

有一次，一个美国小女孩在看到达尔文制作的昆虫标本后惊叫道：“这是多么残忍的工作啊，竟然用大头针把美丽的蝴蝶扎死了！

但当她听到工作人员的解释说，大科学家达尔文为了寻找这些死去的蝴蝶，花费了很多额外的时间和精力时，她又感慨道：“达尔文真是爱的化身。”

“达尔文是爱的化身”这句话有很多人说过。当失去心爱的女儿后他经常流泪；在金钱上他一直非常节约，可是把很多钱捐给了唐恩教堂；他的家里时常有一些爱好科学的人来求教问题，他总是很有耐心地倾听来访人的问话，然后对其不厌其烦地进行讲解。

达尔文对身边的人一无所求，可是把自己的爱奉献给了身边的每一个人。当他发现家里的老用人工作很累时，就让妻子爱玛多雇一个用人，以分担老用人的工作。他甚至在遗嘱中写道：

“老女仆贝西在我们家服务了30年，她退休的时候，要送给她一幢小房子，每周养老金不少于10先令！”

早在100多年前，达尔文就把这份关爱献给了当时社会底层的奴仆。

我们有理由相信，达尔文之所以能取得那么大的成就，是与他工作和生活中无私的爱与付出分不开的。

爱惜时间如生命

文/佚　名

有一天，达尔文走进一家大赌场，观看斗鸡比赛。他伏在栏杆边上，手托腮帮，屏息凝神，目不转睛地直盯着追逐扑打的大公鸡。他是那样专心致志，以致对周围许多人的叫骂、起哄和吹口哨的嘈杂声一点儿也没有在意。赌场的老板见达尔文如此专注，心想这肯定是一个大赌客，便立即走到达尔文身边招揽生意说："先生，你要押宝下赌注吗？如果你是幸运者，你能捞一笔巨款呢！"

达尔文没有听见似的动也不动。赌场老板又凑近他的耳朵，重复了好几遍，达尔文这才察觉到。他终于不解地开口了："我是在察看公鸡的头冠、羽毛和两足，琢磨它们的体态。"

一天，又患病的达尔文坐在藤椅上晒太阳，面容憔悴，精神不振。一个年轻人路过达尔文的面前。当他知道面前衰弱的老人就是写了著名的《物种起源》等作品的达尔文时，不禁惊异非常。年轻人问道："达尔文先生，你身体这样衰弱，常常生病，怎么还能做出那么多的事情呢？"

"我从来不认为半个小时是微不足道的、很小的一段时间。"达尔文回答说。的确，达尔文极端珍惜时间，他曾在给苏姗·达尔文的信中说："一个竟会白白浪费一个小时的人，就不懂得生命的价值。"

年轻人听了达尔文的话，点点头，若有所思地走了。

教子成才的秘诀

文/唐金龙

达尔文教子成才的故事对人们启发很大。

达尔文的长子叫威廉，在一家银行做普通职员，平时工作十分勤奋。有一天，威廉十分沮丧地找到父亲，说自己受不了，原来，公司里的有些人总是在背后诋毁他，就连他最要好的朋友也只当面和他笑嘻嘻的，而背地里也用最恶毒的语言中伤他。

威廉无助地问父亲应该怎么办。达尔文温和地笑了笑，他拍拍儿子的肩，又递给威廉一杯香槟，让他先安静下来。等威廉气愤的心情稍微平息了一些，达尔文试探着问儿子，愿不愿意听自己这两天研究生物时所发现的一个奇怪现象。

威廉有些不高兴了，感到父亲只关心自己的研究，并不关心自己的工作。达尔文并不理会威廉的表情，而是坚持问儿子知道不知道一只寄生在椿树身上的大青虫，会有多少天敌。威廉有口无心地跟父亲对答着。达尔文说它的天敌可多了，至少有四百多种鸟类还有两百多种昆虫都是它的天敌。它每天都要小心翼翼地躲避着，因为任何一个天敌都会轻易要了它的命。达尔文顿了顿，继续问儿子知道不知道一只兔子有多少天敌。这回威廉不高兴了，就说自己不知道。

达尔文看出儿子的不满情绪了，于是自顾自地说，兔子有三十七种天敌，主要包括鹰、猎狗、狼等食肉动物。达尔文看着儿子不愉快的表情，又追问儿子知不知道豹子有多少天敌。

威廉把那杯香槟一饮而尽，抬起头来盯着父亲，气呼呼地表示自己对他的研究真的不感兴趣。达尔文随手给威廉又斟了一杯香槟，还是自言自语地说，豹子几乎没有天敌，就算是狮子、老虎这样的大型食肉动物轻易也不会去招惹豹子。至于老虎，就更加没有天敌了，它们的生活是最惬意的，谁会愚蠢到去招惹一只老虎呀。

到这时达尔文开始切入正题了。他对儿子说：“不是要你对我的研究感兴趣，只是想借此告诉你，越是弱小的生物，它们的天敌就越多，受到的伤害也就越多。”达尔文引申说：“你在公司里受到了种种打击，不是因为你什么地方做得不对，而是因为你眼下的弱小。就像椿树上的那只青虫，自然有几百种天敌。它们中的任何一个，都可以轻易伤害到自己，有些伤害还是躲不过的，摆脱它们的唯一方法，就是让自己强大起来，做一只丛林里的豹子。”

听着听着，威廉忽然心中一动，心中亮堂起来，到这时他才明白了父亲的良苦用心。从此以后，威廉更加勤奋了，十六年后他成了总裁，一位远近闻名的银行家。

教育孩子从出生开始

文/达 卿

著名科学家达尔文非常重视对孩子的家庭教育和早期教育，而且把它作为自己的研究课题进行探讨。有一天，一位贵妇人抱着一个婴儿从远方专程来请教他。

“请问达尔文先生，我想教育好这个孩子，你说什么时候开始好呢？”

“亲爱的夫人，”达尔文瞅了贵妇人一眼，很关切地问，“请问这个孩子几岁了？”

“两岁半。”

“噢，夫人！很可惜，你已经晚了两年半了！”达尔文感慨地回答。

为什么这么说呢？因为达尔文非常重视早期教育。他不管科研工作多么繁忙，总是不放松对孩子的教育。1839年12月27日，他的第一个孩子出生了。从这一天起，他就把孩子的表情、动作记录下来，并观察孩子智力发展的过程。他一面不懈地进行科学研究，一面耐心地对孩子开展早期教育，教他们学知识，会玩，诚实做人。良好的家庭氛围和早期教育，使孩子们一踏上人生之路便有了坚实的脚步。后来，达尔文的5个长大成人的儿子中有3个成为名人：乔治是天文学家；弗朗西斯继承了他的事业，成为与他齐名的科学家；而霍勒斯则是物理学家，被选为美国皇家学会会员，还被封为爵士。

在达尔文看来，对孩子的教育应当从一出生就开始。他的这个观点，也被他的实践证明是正确的。

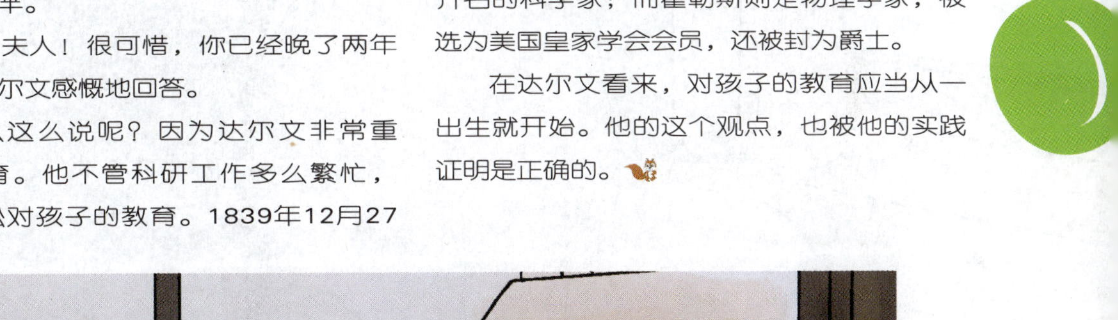

视名誉为粪土

文/佚 名

达尔文的后半生可谓名利双收，不过他的注意力并没有放在这些上面。他一生的主要目标是弄清真理。在寻找真理的时候，他绝不轻易地盲从别人，总是努力保持独立思考。一旦证明事实同某些假说不符合的时候，不论这个假说多么重要，他都会毫不犹豫地丢掉。

对科学研究无比热爱，永远充满好奇心，观察事物细致入微，工作孜孜不倦，执著地追求真理，这些就是达尔文从事科学事业的主要特点。在他看来，自己应该给人类带来更多的光明，他应当责无旁贷地把一生献给科学研究。人们可以看到，他父亲留下的财富使他完全没有必要从事这种艰苦的工作，疾病的折磨又使他不适合做这种艰苦的工作，只是由于他这种科学研究生涯中的主旋律和温柔、体贴的妻子爱玛无微不至的关怀，他的科学研究工作才进行得卓有成效。

他一生共写了80多篇论文，出版了22种著作，另外还有9部著作中也有他编写的章节。

这些著作虽然并不都像《物种起源》那样享有盛名，但是每本著作或者每篇论文都有他自己的发现和见解，在生物学、农学和园艺学等方面都作出了杰出的贡献。

后来，《物种起源》被译成55种文字，随之而来的是莫大的荣誉和一连串的奖励。他获得的学位有：剑桥大学名誉法律博士、波恩大学名誉医学指点科博士、比勒斯劳大学名誉医学外科博士。地质学会授给他华拉斯登奖章，皇家学会授给他皇家学会奖章和柯普雷奖章，皇家医学院授给他贝勒奖章。美国、法国、德国、荷兰、比利时、意大利、丹麦、葡萄牙、西班牙、俄罗斯、瑞典、瑞士等国家和地区的61个学术团体授给了他学位或者吸收他为会员，有的还向他颁发了奖金和奖章。

1864年皇家学会决定给他颁发一枚柯普雷奖章，不过获奖人通常必须亲自接领。11月30日颁奖那天，达尔文没有到场，他忍受着疾病的折磨，在书房里写作。1867年，当普鲁士“功勋骑士团”授予他功勋骑士的时候，他好像不知道这是一种多么光荣的称号。他对虎克说：“我已经被封为骑士了。但是我认为，这算不了什么。”维多利亚女王曾经听信她的宗教事务顾问，也就是攻击达尔文最厉害的牛津大主教的挑唆，否定了自己的丈夫——艾伯特亲王支持的封达尔文为爵士的提议。后来，女王不知道为什么心肠又软了下来，在达尔文去世前不久，又要封他为爵士。可是，达尔文根本不予理睬。

达尔文把给予他的这些名誉视为粪土。个人的荣誉在他看来仿佛并不存在。他只重视自己思想的胜利，甚至不能说自己思想的胜利，而只是进化思想的胜利。达尔文成名后，有一个叫马修的人来与他争夺自然选择学说的发表权。他查阅了马修的一本著作《造船木材及植树》后，发现书中一些分散的字句中有那么一点儿自然选择学说的意思。他在《物种起源》再版时，加了一段“历史的概述”，肯定了马修和其他科学家对进化学说的贡献。特别可笑的是，那个他以前的朋友，现在的仇敌欧文教授，看到达尔文学说已经获胜，也反过来与达尔文争夺自然选择学说的发表权。达尔文对这种卑劣的争名夺利行为十分鄙夷。他在《物种起源》再版前言中，剖析了欧文教授文章中前后矛盾的地方，最后他不动声色地给了这位行为卑劣的教授一记耳光：“至于自然选择学说的发表，欧文教授是否在我之前，那不是紧要的问题。因为在本章里已经谈过，远在我们之前，尚有马尔斯和马修两个人。”

在各种荣誉面前，达尔文都能无动于衷。真正使他感到“极大的满足”的礼物只有两件。这就是1877年在他生日那天，从德国和荷兰分别寄来的两本贴满照片的相册：一本是德国蒙斯特的雷德先生发起组织的154个科学家照片的相册，另一本是贴有荷兰班墨兰教授等217个著名观察家和自然科学爱好者照片的相册。

达尔文在家人为他举行69岁寿辰纪念的日子里，接到了这两本装帧华丽的礼物，欣喜万分。他坐在高脚的椅子上，一边翻阅，一边自言自语地说：“这是我曾经得到的最高的荣誉，我非常感谢他们的盛意和慷慨的同情。”

充满阳光的十年

文/田殿雨

1872年，达尔文已经年满六十三岁了。在达尔文的生命历程中，还剩下最后的十年。这时的达尔文已经是一位名满天下的大科学家。他是怎样走完自己最后的生命历程的呢？

这最后的十年，是达尔文生活中充满阳光的十年。十年中，那已经伴随了达尔文三十多年的病魔，好像被达尔文顽强的精神感动了，竟然突然莫名其妙地让了步。他的身体破天荒地好起来，能够比较稳定地进行工作了。这给达尔文和爱玛带来了巨大的快乐。工作之余，老两口便在唐恩镇家中的花园里下双陆棋。

达尔文平时总是输给爱玛。这一次，在下完规定的盘数后，达尔文又输了。爱玛欢快地笑着，达尔文涨红了脸，不肯服输，要再来一盘。这时，他们钟爱的小孙儿安纳德拿着一个金光闪闪的小圆牌走过来，对爱玛说：“奶奶，您看，我在爷爷书房的角落里找到了一个小圆牌！”

爱玛接过小圆牌一看，顿时惊呼起来：“天哪！这不是柯普雷奖章嘛！达尔文，你怎么能把这么珍贵的东西随便乱扔呢？”

达尔文若无其事地一笑，说道：“现在世界各地都在像发了疯一样地给我寄这样的小圆牌和证书。对于这些玩意儿，我是无所谓的。名声、荣誉、财富这些东西，不过是些无用的尘土。就说这个小金牌吧，它是一位科学家在英国所能得到的最高荣誉——皇家学会柯普雷奖章。这为各门科学和全世界开放的柯普雷奖章，象征着一种巨大的荣誉。但是，除了几封令人欣慰的信以外，这样的事在我看来是无足轻重的。颁给我真正奖章的是我那些亲爱的朋友，如虎克、赫胥黎写来的信，而不是这个圆形的小牌子。”

达尔文并没有被接踵而来的成就和荣誉所陶醉，他随意地把那些奖章、证书塞到抽屉里，把自己最后十年的精力完全献给了科学，奉献给了人类。

在最后的十年中，达尔文做了大量的科学实验，完成了数量惊人的论文和著作。从这些论文和著作中，显示出一个贯穿于他的一生的特征，那就是他愿意去实验那些大多数人都认为丝毫不值得实验的东西。他把这些大胆的实验称为“愚人的实验”，而结果呢，他从这些实验中获得了惊人的成果。

达尔文陆续把这些成果写进《食虫植物》《攀缘植物》《植物的自花受精和异花受精》《同种植物上花的不同形态》《植物的运动能力》《蚯蚓在土壤形成中的作用》等书中。

写完这些书之后，达尔文已经快走完自己生命的全部历程了。而在病逝前半年，他仍然钟情于探索世界上的奇异事物，为永不休止的好奇心所吸引，他开始了一个全新的项目——碳酸钙对于植物的作用的研究。可是他的研究刚有了点起色，他的身体却急剧地衰弱下去，迫使他病倒在床上。1882年4月15日，一场史无前例的重病发作了。那一天，晚餐后的达尔文想走到沙发那里去，但他一下子昏倒在地上。4月17日，在他病逝前的两天，他觉得病情稍微缓和了一些，便挣扎着从沙发上爬起来，走到实验室去，为儿子法兰士记录一个实验的进展情况。已经成为一名生物学家的法兰士，闻听之后，匆匆赶往实验室，搀扶着老父亲，心疼地劝道：“爸爸，您不用再为科学工作劳累了吧，我会完成这些实验的。”

达尔文长叹了一声：“但是，除了科学工作，我还有什么事情可以做呢？”

法兰士感动得热泪盈眶，说道：“亲爱的爸爸，您已为人类作出了巨大的贡献，现在唯一应该做的，您也有充分权利做的事情就是休息。您要保重自己的身体！”

达尔文摇了摇头，说：“不论一个人的精力是早一两年还是晚一两年耗尽，都是无关紧要的。我只是不能忍受无所事事的生活。”

与牛顿并肩

文/佚 名

达尔文的身体本来就不是很好，连续多年的繁重工作更让他的身体吃不消。1881年夏天，达尔文又一次病倒了。但是，在达尔文的书架上、抽屉里，还塞满了很多的记录本和调查资料，其中有许多包含着其他伟大理论的萌芽。大自然还有很多的秘密等待着他去揭示；人类需要他再活10年，20年，能够在世界文化宝库中增添更多光彩夺目的篇章。可是，他的健康状况迫使他丢下已经开了头的另外一些研究工作，不允许他去进一步满足人类的要求了。

爱玛的老经验——陪他去疗养或者观赏风景——再也不生效了，无论是去鹅斯瓦特，还是到派特德尔，都没有使他的健康明显好转。1882年春天，他时常感到胸部疼痛，同时脉搏也不正常，几乎每天下午都会感到不舒服。3月7日下午，他拄着一根铁包头的手杖，迈着蹒跚的步子，在离家不远的沙径上溜达。夕阳映在他的身上，面色格外发灰发黄，人影显得又细又长。他忽然感到胸部一阵剧痛，额上渗出几滴豆大的汗珠，只好在一个碎石堆上坐了下来。

他的病情日见加重，卧床不起了，爱玛请来伦敦名医克拉克爵士替他治病。从前只要经过克拉克爵士诊治，他的健康状况总是比较明显地好转。这虽然同克拉克的医术高明有关，但也是同他那种不惜一切为病人服务的精神和叫人愉快的感化力量分不开的。达尔文常常从克拉克爵士所表现的亲切友好的态度中感到衷心的喜悦，得到巨大的鼓舞。这次克拉克从伦敦专程赶来给他治病，并且表示可以随叫随到。

爱玛在教区牧师面前祷告：“要是上帝能够让我承担达尔文的痛苦，那该多好啊，上帝要是能够让我死而把他放过去，那就更好了。”

4月15日，星期六，儿子和女儿们都回到了家中，达尔文要求起来和全家人一起就餐。爱玛扶着他来到圆桌前，挨着刚满一岁的孙儿小伊拉兹马斯母子坐下。吃饭间，达尔文再也坐不住了，爱玛急忙扶着他坐到沙发上去休息，他又是一阵眩晕。

18日，他感到病情有些好转，很想了解儿子正在进行的实验情况。夜间，达尔文昏迷了！全家呼喊、啼哭、抢救，好不容易使他苏醒过来了。他拉着爱玛的手说：“我一点儿也不怕死。我死以后，你要拿出一部分钱来资助出版我那第一本关于《物种起源》的笔记，还要继续资助《植物名汇》的出版工作……”可怕的反胃打断了他的嘱咐，爱

不能接见

心不在焉的教授病了，不得不住进医院。大夫来到他的病房门口时，护士说：“教授，大夫来了。”可怜的教授哼了哼，说道：“告诉他我现在不能见他。我病得太厉害了。”

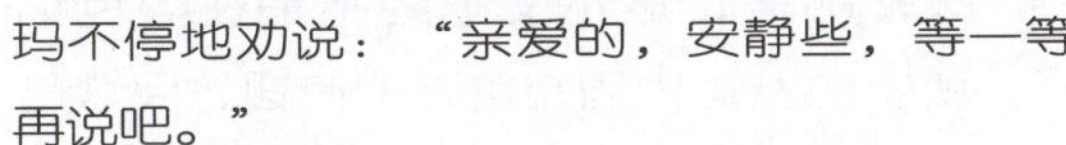

玛不停地劝说：“亲爱的，安静些，等一等再说吧。”

呕吐在继续，女仆老贝西流着眼泪打扫吐在地板上的黏液和少量没有消化的食物。

“谢谢，老贝西！”

达尔文又对爱玛说：“她已经在我们家里干了30年，在她退休的时候要送给她一幢小房子，每周养老金至少要10先令。”

“你的遗嘱里都写过了。”爱玛不停地流着泪说。

“亲爱的，放心吧，我们会按照你的遗嘱办理的。”

“好……好……”达尔文合上了眼睛，又昏迷过去了。他再也没有醒过来。

4月19日凌晨4点，这位杰出科学家的心脏停止了跳动，享年73岁。

从世界各地发来唁电唁函，沉痛悼念19世纪最伟大的科学家——达尔文。

4月26日，在伦敦威斯敏斯特教堂举行了达尔文的葬礼。

带有讽刺意味的是，多年来教会一直是他的死对头，是对他最严厉的抨击者，而这时候竟也承认达尔文是一个教民。在朗读了好像给一位国王的葬礼增添光彩的悼词以后，达尔文被安葬在威斯敏斯特教堂，和伟大的物理学家牛顿的墓并排在一起，并且距离他的好友和导师赖尔的坟墓只有几米远。他们共同享受着英国科学家的最高荣誉。

清晨柔和的太阳光照在达尔文的墓碑上，前来祭祀的人深深地鞠躬致敬，墓碑上雕刻着：

《物种起源》及其他几部自然科学著作的作者

查尔斯·罗伯特·达尔文

生于1809年2月12日

卒于1882年4月19日

安息吧，伟大的科学家达尔文！你创立的进化论，在生物学上掀起了一场巨大的革命。这场革命触及生物学的各个分支，带给生物学长足的进步。如今，生物学已经在工业、农业、医学上得到了广泛的应用，给人类创造了难以计数的财富，使人类获得了巨大的利益。

安息吧，伟大的科学家达尔文！作为一位不断追求真理并且作出划时代贡献的伟大科学家，你将受到人们的永远怀念！

进化论

19世纪中叶，达尔文创立了科学的生物进化学说，以自然选择为核心的达尔文进化论，第一次对整个生物界的发生、发展，作出了唯物的、规律性的解释，推翻了特创论等唯心主义形而上学在生物学中的统治地位，使生物学发生了一场革命变革。除了生物学外，他的理论对人类学、心理学及哲学的发展都有不容忽视的影响。

产生背景

在文艺复兴以及思想启蒙之后，现代科学的理性思维已经建立起来。达尔文的时代是19世纪中后期，正是走出懵懂，提倡科学的前一阶段，这在思想和理性上，为达尔文创立自然选择进化论提供了思想依据；而青年时的远游，则为他积累了大量的实据，引发了他关于物种进化的思考并最终形成一个完整的体系。

要点

达尔文认为，生物之间存在着生存斗争，适应者生存下来，不适者则被淘汰，这就是自然的选择。生物正是通过遗传、变异和自然选择，从低级到高级，从简单到复杂，种类由少到多地进化着、发展着。

以上三点，就是我们常听到的“物竞天择，适者生存”，现在基因学诞生之后，为此提供了重要的证据，事实上，物竞天择，竞的是“基因”。

进化论也可总结为以下四点：

1.过度繁殖（基础）

2.生存斗争（手段）：生物与无机环境的斗争；种内斗争；种间斗争

3.遗传变异（内因）：不利变异；有利变异（保留）

4.适者生存（结果）

影响

进化论是人类历史上第二次重大科学突破，第一次是日心说取代地心说，否定了人类位于宇宙中心的自大情结；第二次就是进化论，把人类拉到了与普通生物同样的层面，所有的地球生物，都与人类有了或远或近的血缘关系，彻底打破了人类自高自大，一神之下，众生之上的愚昧式自尊。

庆幸的是，达尔文已经不是在中世纪了，所以他没有受到布鲁诺的待遇，民众仍然给了极高的评价，即使是宗教，也表现出了一定的宽容，当然，这与当时宗教权力远不如中世纪有关。

有关争论

争论来自两方面：一方面是科学界的内部争论，一方面是科学界以外的宗教与进化论的争论。

在科学界内部，没有进化论是否成立的争论和质疑，进化的事实早已确凿无疑地证明了进化论的成立，但是，在具体的进化形式和原因中，依然争议不断，如渐变与突变的争议（这个已经不再争议，进化速度因条件不同而不同）、人类进化历程的争议、宗教与科学的争论，这是民众感受最多的部分，也是争论最有影响力的领域。因为民众专业的生物学知识很贫乏，中学时代我们学到的只是研究的结论，而没有专业的解释，因此，宗教尤其是基督教，则惯于歪曲生物学和进化论，把进化论描述为非科学的、蛮横的、可笑的、无证据的或者是捏造的。

达尔文大事年表

1809年

2月12日，查尔斯·达尔文出生在英国希鲁斯伯里镇。

1817年

妈妈去世。

1817年—1825年

在希鲁斯伯里私立中学就读。

1825年—1827年

在苏格兰爱丁堡大学攻读医学。

1828年—1831年

在英国剑桥大学就读。

1831年—1836年

随“贝格尔”号军舰环球考察。

1837年

开始写作第一本物种演变笔记。

1838年

阅读托马斯·马尔萨斯的著作《人口论》。

1839年

1月，与爱玛·韦奇伍德结婚；12月，儿子威廉出生；严重疾病的第一阶段。

1839年—1843年

编纂五卷本巨著《贝格尔号航行期内的动物志》。

1842年

移居到伦敦郊外的唐恩花园。

1842年—1846年

撰写三卷本著作《贝格尔号航行期内的地质学》。

1844年

撰写未发表的阐述进化论的论文。

1846年—1855年

就藤壶问题进行研究写作。

1848年

父亲去世；健康状况不佳并持续很长时间。女儿安妮去世。

1855年

开始撰写关于进化论的主要著作。

1858年

伦敦林耐学会宣读达尔文和华莱士合作的关于进化论的论文。

1859年

发表《物种起源》。

1860年

英国科学促进会年会在牛津大学关于进化问题的大辩论。

1863年—1865年

病情延续。

1868年

发表《家养动物和培育植物的变异》。

19世纪70年代

发表五部关于植物的著作。

1871年

发表《人类起源和性选择》。

1872年

发表《人类和动物情感的表达》。

1881年

发表关于蚯蚓的著作。

1882年

4月19日，达尔文在唐恩家中逝世；厚葬于威斯敏斯特大教堂。

达尔文生平

查尔斯·罗伯特·达尔文（1809—1882年），英国的博物学家，生物学家，进化论的奠基人。曾乘贝格尔号舰作了历时五年的环球航行，出版了《物种起源》这一划时代的著作，提出了生物进化论学说。恩格斯将“进化论”列为19世纪自然科学的三大发现之一。

语录

无知者比有知者更自信。只有无知者才会自信地断言，科学永远不能解决任何问题。

敢于浪费哪怕一个钟头时间的人，说明他还不懂得珍惜时间的全部价值。

我在科学方面所做出的任何成绩，都只是由于长期思索，忍耐和勤奋而获得的。

意林·炫读系列

林·少年成长枕边书（共8本）
值定价：18.80元　豪华装帧：全彩大16开
买建议：少年励志/阅读
买理由：最有趣、最贴心、最好看的故事大联盟。

意林·热词时文·阅读系列（共4本）
超值定价：15.90元
购买建议：美文/高考/名家/热点
购买理由：最火的新闻热点和名家范文。高考必备，提高素质教育、作文、阅读理解！

意林·炫读（共12本）
惊喜定价：16.90元　精美装帧：全彩16开
购买建议：少年励志/阅读
购买理由：中国首套以色彩助力阅读的少儿励志精品图书。

意林·励志系列

林·青年励志馆（共8本）
定价：16.80元
建议：青春励志/阅读
理由：青年励志奋斗第一书，用励志故事吹响青春奋进的号角。

意林原创版·五年典藏（共5本）
典藏定价：22.00元
购买建议：青春励志/阅读
购买理由：《意林》读者票选最佳智慧故事。

意林·十年典藏（共6本）
典藏定价：22.90元
购买建议：青春励志/名家/粉丝典藏
购买理由：超百万大刊《意林》杂志的10年励志和感动的名家巅峰之作！

意林·励志小说系列　　意林·皇冠童话屋系列

·醉青春（共2本）
价：19.90元
议：少年励志/阅读
由：2012年超人气短篇小说，青春剧变中的一剂良药。

意林·七彩校园（共4本）
超值定价：19.80元
购买建议：少年励志/阅读
购买理由：这里有绚丽多姿的校园萌爱，酷爽义气的宿舍友谊，离奇幻境的图书馆保卫战。

意林·皇冠童话屋（共2本）
超值定价：19.90元
购买建议：少儿励志/阅读
购买理由：全球最具想象力的华语童话，噼里啪啦引爆你的想象给你好看。

意林·少年励志馆系列

意林·少年励志馆（共28本）
超值定价：18.80元　精美装帧：全彩16开
购买建议：少年励志/阅读
购买理由：最畅销！最经典！最励志！打造少年励志新时尚。

意林·少年友情馆（共8本）
超值定价：18.80元　精美装帧：全彩16开
购买建议：少年励志/阅读
购买理由：为友谊开出灿烂的花朵，为青春谱出动人的旋律！

意林·少年亲情馆（共8本）
超值定价：18.80元　精美装帧：全彩16开
购买建议：少年励志/阅读
购买理由：这里是知识的海洋，这里也是爱堂！

意林·少年名人馆（共8本）
超值定价：18.80元
精美装帧：全彩16开
购买建议：少年励志/阅读
购买理由：用名人的奋斗故事激励少年成就精彩人生！

意林·少年智慧馆（共4本）
超值定价：18.80元
精美装帧：全彩16开
购买建议：少年励志/阅读
购买理由：最暖心的成长记事，最醒世的智慧恒言。

意林·少年成长馆（共4本）
超值定价：18.80元
精美装帧：全彩16开
购买建议：少年励志/阅读
购买理由：给成长以温馨陪伴，给未来以导航。

意林·女生文学系列

少女果味杂志书系列（共6本）
超值定价：16.80元~18.80元
购买建议：少女/校园/文学阅读
编辑推荐：25篇校园、幻想小说，纯美、阳光、向上，图文并茂、唯美浪漫，“好吃”又好看，少女专享甜美心境。

小MM经典畅销书系列（共5本）
超值定价：18.80元~19.80元
购买建议：少女/校园/畅销小说
编辑推荐：专门为9~16岁优质女孩量身打造，独具匠心的少女成长故事，别具一格的阅读体验，万千女生心目中的最爱。

2012暑期新番系列（共4本）
超值定价：19.80元
购买建议：少女/校园/畅销小说
编辑推荐：2012年暑期新推图书，超高人累喷发，本季少女阅读的流行向，再不读小MM新书，你就OU